교양인을 위한

로마인 이야기

교양인을 위한 로마인 이야기

초 판 1쇄   2018년 07월 16일

지은이 장영익
펴낸이 류종렬

펴낸곳 미다스북스
총   괄 명상완
책임편집 이다경

등록 2001년 3월 21일 제2001-000040호
주소 서울시 마포구 양화로 133 서교타워 711호
전화 02) 322-7802~3
팩스 02) 6007-1845
블로그 http://blog.naver.com/midasbooks
전자주소 midasbooks@hanmail.net

© 장영익, 미다스북스 2018, *Printed in Korea*.

ISBN 978-89-6637-581-3 03920

값 **15,000원**

「이 도서의 국립중앙도서관 출판예정도서목록(CIP)은 서지정보유통지원시스템 홈페이지(http://seoji.nl.go.kr)와 국가자료공동목록시스템(http://www.nl.go.kr/kolisnet)에서 이용하실 수 있습니다.(CIP제어번호: CIP2018021506)」

미다스북스는 다음세대에게 필요한 지혜와 교양을 생각합니다.

교양인을 위한

로마인 이야기

장영익 지음

미다스북스

1,500년 전 로마가 내게로 오다

책은 타임머신이다. 아주 오래전 사건임에도 책을 읽으면 바로 그 시점으로 들어갈 수 있다. 생생한 현장은 손에 닿을 듯하고 사람들의 이야기 소리도 들리는 듯하다.

1995년, 초등학교 6학년이던 나는 서점에서 이런 책을 만났다. 시오노 나나미의 『로마인 이야기』였다. 이 책을 읽는 동안 나는 로마로 긴 여행을 떠났다. 1,500년 전 로마가 내게로 들어왔다. 율리우스 카이사르의 발자취를 따라 점령지를 돌아다녔고, 티투스 황제 때 완성된 콜로세움 관중석에 앉아 검투 경기를 관전하기도 했다. 돈을 주고 살 수 없는 그런 경험이었다.

『로마인 이야기』는 성장한 후에도 내 삶에 엄청난 영향을 미쳤다. 그 시절의 역사를 알고 싶어 견딜 수 없었다. 책을 찾아보고 자료들을 검색했다. 그럴수록 두근두근 방망이질 치는 설렘은 나를 계속해서 로마로 불렀다. 결국 나는 로마로 가기로 결심했다. 안정적인 수입을 주던 회사를 과감히 그만두고 나는 루비콘강을 건넌 카이사르를 만나러 로마행 비행기를 탔다.

폭풍이 휘몰아치듯 큰 변화와 함께 떠난 여행길, 정신이 드니 나는 로마 역사의 현장에 서 있었다. 로마 제국은 이미 오래전에 멸망했으며 고대 로마인은 1명도 남아 있지 않지만, 그들이 남긴 흔적은 여전히 그들의 숨결을 바로 곁에서 느끼게 했다. 그 숨결은 우리가 로마인이 남긴 유산 속에서 살고 있음을 깨우치게 해주었다.

흔히 일어나는 일들도 그 기원을 찾아서 들어가고 또 들어가면 시작지점에 '고대 로마인'이 있다. 동양 끝에 사는 우리의 삶 속에서도 로마인의 이야기는 계속되고 있다. 1,500년이 넘는 세월이 흘렀지만 그들의 자취는 온 세계에 살아 있고 그들의 역사는 현재의 우리와 닮아 있다.

사람이 코흘리개 어린 시절을 거쳐야 성인이 되듯, 고대 로마도 작은 도시 국가에서 시작했다. 그러나 그들의 야망은 거기에 갇히지 않았고, 용감한 군사들은 이탈리아를 통일했다. 이어 유럽과 아시아, 아프리카 대륙에 이르는 드넓은 영토를 지배했다. 1,200년 넘게 이어진 이들의 역사는 셀 수 없는 사람들이 로마에서 살아가게 만들었다. 그들 한 사람 한 사람의 뇌리에 알게 모르게 각인된 로마는 대를 물려 지금에까지 생생하게 살아 있다.

유시민 작가는 『나의 한국현대사』에서 이렇게 이야기했다.
"없는 것을 지어내거나 사실을 왜곡할 권리는 누구에게도 없다. 그러나 의미 있다고 생각하는 사실을 선택해 타당하다고 생각하는 인과관계와 상관관계로 묶어 해석할 권리는 만인에게 주어져 있다."

나는 고대 로마의 역사를 접하며 얻었던 여러 느낌과 생각을 이 책에 담았다. 현재 대한민국에서 살아가는 보통사람의 입장에서 나름대로 해석해보기도 했다. 이를 통해 우리가 로마인의 삶 속에서 배울 수 있는 것들을 정리하고 싶었다.

과거와 현재, 미래는 서로 떨어져 있는 것 같아도 모두 하나의 줄에 연결되어 있다. 과거의 일들이 모여 현재가 되고, 현재 내가 하는 일들이 미래의 내 모습을 결정한다. 과거 속에서 배우는 일은 나 자신을 반성하게 한다. 그리고 어제보다 나은 오늘을 살게 한다. 결국 우리는 더 밝은 미래를 살 것이라는 희망을 마음에 담는다.

단지 지식만을 늘리는 교양은 의미가 없다. 생각하게 하고, 생각을 통해 우리 삶에 적용할 지혜를 찾는 것이 중요하다. 역사를 통해 로마인이 우리에게 남겨주는 지혜를 함께 찾아보는 것은 현재를 살아가는 우리의 자리를 돌아보게 하고 현명한 미래를 선택하게 하는 기회가 될 것이다.

이제 한 페이지 넘겨 로마로 들어가보자.

2018년 7월 장영익

프롤로그 1,500년 전 로마가 내게로 오다 ······················· 4

Chapter I

로마에서 배우다

01 우리는 왜 지금 로마를 읽어야 하는가? ······················· 15

02 21세기에도 살아 있는 로마의 흔적들 ························· 21

03 로마가 21세기 청년에게 미치는 영향 ························· 31

04 내가 퇴사하고 로마로 떠난 이유 ··························· 39

05 기억해야 할 로마의 역사적인 순간들 ······················· 47

06 주사위는 던져졌다, 선택에 대하여 ························· 56

07 모든 길은 로마로 통한다, 영원함에 대하여 ················· 64

Chapter II

제도 : 로마는 하루 아침에 이뤄지지 않았다

08 어떻게 로마 군단은 최강이 되었나? ····················· 75

09 모방 : 사방 최고의 기술을 베끼다 ······················ 84

10 개방성 : 실력 있는 자를 인정하다 ······················ 92

11 개혁 : 필요에 따라 자유자재로 변하다 ··············· 100

12 계층 : 비천한 출신도 황제가 되다 ····················· 108

13 변화 : 끊임없는 변화가 성공을 만든다 ··············· 116

14 극복 : 로마는 실패로부터 배웠다 ····················· 124

15 조직 : 로마, 위대한 조직의 힘 ························132

Chapter III

교육 : 로마인들은 어떻게 가르치고 배웠는가?

16 시스템 : 시스템이 인재를 만든다 ····················143

17 기회 : 로마인이 군대에서 배우는 것 ··················· 150

18 여가 : 잘 쉬고 잘 노는 것도 교육이다 ···············159

19 단련 : 신체의 건강까지 인재의 조건이다 ·············167

20 소통 : 로마인이 소통의 기술을 배운 이유 ···········174

21 책임 : 권한과 책임이 함께 하도록 가르친다 ···········182

22 깊이 : 지식보다 지혜를 갖춘 인재를 키워라 ··········· 190

23 현장 : 이론보다 직접 경험이 중요하다 ···············198

Chapter Ⅳ

학문 : 로마인들은 어떻게 생각하고 연구했는가?

24　영혼 : 책 없는 방은 영혼 없는 육체와도 같다 ·············· 209

25　의지 : 때와 장소를 가리지 않고 읽어라 ······················217

26　멘토 : 책 속에서 오래 전 현자를 만난다 ··············· 225

27　넓이 : 책은 우리의 경험을 확장시킨다 ············· 235

28　투자 : 빚을 내서라도 책을 사라 ····················· 243

29　고전 : 고전에서 답을 발견하다 ······················251

30　끈기 : 고전을 읽어야 하는 세 가지 이유 ··············· 259

31　철학 : 책은 사색과 생각의 도구다 ······················ 267

Chapter Ⅴ

로마에서 답을 찾다

32　"메멘토 모리"

　　영원한 제국은 없다 ··················· 279

33　"로마는 영웅을 필요로 하지 않는 나라요"

　　시대가 영웅을 만든다 ··············· 287

34　"인간사는 선대의 그것을 닮게 되나니"

　　역사는 반복된다 ··············· 295

35　"위대한 제국은 소심함으로 유지되지 않는다"

　　위기는 곧 기회다 ··············· 304

36 "사람은 자기가 보고 싶은 현실만 본다"
　　세상은 아는 만큼 보인다 ················312
37 "현재는 과거와 끊임없이 대화한다"
　　역사를 통해서 배워라 ················318
38 "오늘은 나에게, 내일은 너에게"
　　역사를 잊은 민족에게 미래는 없다 ··················· 326

에필로그 1,200년 역사의 로마에서 답을 찾아라 ········ 333

CHAPTER
I

로마에서 배우다

01_ 우리는 왜 지금 로마를 읽어야 하는가?

02_ 21세기에도 살아 있는 로마의 흔적들

03_ 로마가 21세기 청년에게 미치는 영향

04_ 내가 퇴사하고 로마로 떠난 이유

05_ 기억해야 할 로마의 역사적인 순간들

06_ 주사위는 던져졌다, 선택에 대하여

07_ 모든 길은 로마로 통한다, 영원함에 대하여

우리는 왜 지금 로마를 읽어야 하는가?

말하지 않은 것은 언제든 말할 수 있어도,
일단 말한 것은 다시는 되돌릴 수 없다.

— 플루타르코스, 고대 로마의 그리스인 철학자·문인

르네상스 시대의 이야기

현재 로마를 여행하는 사람들이 가장 많이 찾는 곳 중에 바티칸 대성당이 있다. 로마에 갔을 때 나는 바티칸 박물관을 구경한 후, 시스티나 예배당에 가서 르네상스 시대의 어느 장인이 그린 그림을 봤다. 그 그림을 보고 나는 경악을 금치 못했다.

내가 봤던 그림은 미켈란젤로가 그린 천장화 〈천지창조〉였다. 시스티나 예배당의 천장에 그려진 그림을 보고 있자니 미켈란젤로에 대한 경외감이 저절로 몰려왔다. 인간이 어떻게 저러한 그림을 그릴 수 있을까. 오랜 세월이 지났음에도 그림은 생동감과 입체감이 있었다. 미켈란젤로가 천장에 그림을 그린 것이 아니라 조각을 만들어 붙여 놨다는 착각이 들 정도였다.

미켈란젤로는 르네상스 시대의 대표적인 예술가 중 한 명이다. 흔히 르네상스 시대라고 하면 유럽의 중세와 근대 사이에 있었던 시대로 생각한다. 그리고 고대 그리스와 로마 문화 부흥 활동이 활발하게 이루어진 시대라고 이야기한다.

미켈란젤로 외에도 르네상스 시대에 활약한 인물들은 많다. 〈모나리자〉, 〈최후의 만찬〉으로 유명한 레오나르도 다 빈치 역시 당시의 인물이다. 〈아테네 학당〉을 그린 라파엘로도 비슷한 시기에 활동했다.

예술가 외에도 그리스와 로마 유산에 관심을 보였던 사람들이 있다. 스티브 그린블렛이 쓴 『1417년, 근대의 탄생』이라는 책을 보면 "책사냥꾼"이라는 직업이 나온다. 고대 그리스·로마인들이 썼던 책들은 시간이 지남에 따라 자취를 감추게 되었다. 시간 흐름에 따라 자연적으로 없어지기도 했지만, 이교도의 글까지 배척하던 교회 조직에 의해서 없어지기도 했다.

하지만, 이런 상황에서도 살아남은 책들이 있다. 중세시기에 수도원 수도사들은 수양을 목적으로 책을 읽었다. 그때는 인쇄술이 없었던 시기였기 때문에 책을 보기 위해선 필사를 해야 했는데, 이를 위해 수도원에서는 필사한 책을 보관하는 경우도 있었다. 수도원에서 수도사들이 필사했던 책 중에는 여러 종류의 고대 문헌들도 있었다. '책사냥꾼'들은 이런 책들을 찾아서 필사하여 세상에 내놓는 일을 하고 있었다. 그들이 내놓은 책 중에는 엄청난 영향을 발휘한 책들도 많다. 도대체 무엇 때문에 그들은 고대 로마의 문헌 발굴에 그토록 애를 썼던 걸까.

당시 유명한 인문주의자 살루타티는 고대 문헌 연구를 통해서 새로운 무엇인가를 만들고자 했는데, 이런 말을 남기기도 했다.

"나는 항상 믿네. 고대의 모방은 단순히 고대를 재현하기 위해서가 아니라 뭔가 새로운 것을 만들기 위한 것이어야 한다고 말이네……."

고대 로마는 르네상스 시대를 거치며 다시 살아났다. 르네상스 시대의 사람들은 고대 로마의 역사와 문화, 문헌을 공부하여 현실에 적용할 수 있는 논리를 찾아보고자 했다.

짧은 라틴어 한 마디가 우리에게 주는 교훈

르네상스 시대 사람들과 마찬가지로 우리도 고대 로마에서 많은 것을 배울 수 있다. 현대를 사는 우리와 시간적 거리가 너무 멀다고 생각할 수 있으나, 그들의 역사는 사람 중심의 역사였기에 현재의 우리에게 생각할 거리를 많이 던져준다. 그들의 생활 방식, 사고방식 등이 기록되어 있는 역사를 살펴보면, 지금 우리 삶에 적용할 수 있는 지혜를 얻을 수 있다.

어떤 팀이 유명한 스포츠 대회에서 우승을 했다고 생각해보자. 그 팀 소속 선수들은 자신의 도시로 돌아와 퍼레이드를 한다. 이 모습은 과거 로마인이 전쟁에서 승리했을 때에 로마로 돌아와 개선식을 열던 모습과 비슷하다. 명예를 소중하게 생각하는 로마인에게 개선식은 꼭 이루고 싶은 버킷 리스트bucket list와 같다. 로마 시민으로서 최고의 영예를 누릴 수 있는 자리이니 말이다. 그러나 아무리 영광스러운 자리라고 하더라도 자리의 주인공 뒤를 따르던 노예들이 하던 말이 있다.

"Memento mori메멘토 모리."

이 말은 "죽음을 기억하라."는 뜻이다. 살아가면서 가장 기쁜 날을 누리고 있는 사람에게 죽음을 기억하라는 말은 상황에 맞지 않는다고 생각한다. 하지만 이 안에는 많은 뜻이 내포되어 있다. 오늘은 승리했지만, 내일도 승리하리란 보장은 없다. 오늘은 최고일지 몰라도 항상 최고가 될 수 없음을 뜻하기도 한다. 당신의 승리는 신의 뜻이기에 신 앞에서 겸손한 자세로 더 노력해야 한다는 의미도 있다.

이 말은 현대를 살고 있는 우리에게도 깊은 울림을 준다. 오늘은 우승했다고 하지만, 오늘 거둔 우승이 내일의 우승을 의미하지는 않는 법이다. 그래서 내일도 승리하기 위해서는 몇 배의 노력을 해야 한다. 우리는 겸손한 자세로 항상 끊임없이 노력해야 함을 "메멘토 모리."라는 단어 속에서 깨달을 수 있다.

1,200년이 넘는 세월 동안 지속된 나라는 세상에 흔치 않다. 우리 선조들의 역사를 봐도 그렇다. 고구려와 백제는 700년 정도 존속했고, 신라는 900년 가까이 존재했다. 그 뒤를 고려와 조선이 이었다. 조선은 500년 정도의 시간 동안 우리 역사의 주역으로 있었다.

시야를 세계로 돌려도 마찬가지다. 미국이 강대국이긴 하지만 그들의 역사는 300년이 채 안 된다. 많은 나라가 태어나고 사라짐을 반복했고, 사라지지 않은 나라들은 흥망성쇠를 거듭했다. 이중에 1,200년 동안이나 존재했던 나라에 무언가 배울 수 있음이 확실하다.

로마인의 여러 면에서 그들이 오래 존속했던 이유를 찾아볼 수 있다. 첫 번째, 지중해 세계를 넘어서 서유럽 지역까지 진출할 수 있었던 그들의 군사력에서 성공 비결을 찾아볼 수 있다. 두 번째, 타문화를 단순한 모방이 아닌 완전한 자기 것으로 만들어 활용한 모습에서도 성공 비결을 알 수 있다. 1,200년 동안 살아남은 국가에는 어떤 특별함이 있음을 "로마는 하루아침에 만들어지지 않았다."는 속담이 이야기해주지 않는가.

로마의 성공에서 지혜를 찾을 수 있는 것과 마찬가지로 로마의 멸망 과정에서도 우리는 배울 수 있다. 실패 사례를 우리 사회의 반면교사反面敎師로 삼아 해야 할 일과 하지 말아야 할 일을 구분할 수 있을 것이다.

세상에는 여러 사람이 있고, 사람들은 다양한 모습으로 살아간다. 우리는 세상 모든 사람으로부터 배울 수 있다. 역사 속 사람 또한 배움의 대상이 될 수 있다. 이들에게 배움으로써 현재 우리에게 주어진 문제를 잘 이해하고 대처할 수 있게 된다.

21세기에도 살아 있는 로마의 흔적들

기대야말로 내일에 매달리다가 오늘을 놓쳐버리게 하니
인생의 가장 큰 장애물이지요.
그대는 운명의 여신 수중에 있는 것을 탐내다가
그대 수중의 것을 놓치고 있는 것이오.
그대는 무엇을 원하며, 어디로 향하고 있지요?
미래는 모두 불확실한 법이오, 현재를 살도록 하시오!

― 세네카, 고대 로마의 정치가 · 철학자 · 문인

알파벳의 기원

로마는 기원전 753년에 건국되었고, 기원후 476년에 멸망하였다. 그리고 그로부터 1,500년이 넘는 시간이 지났다. 이후 그 시간 동안 역사적으로 많은 일이 있었다. 중세와 근대를 거치면서 영국, 스페인, 독일, 프랑스와 같은 다양한 국가들이 생겼다. 유럽의 여러 나라들이 북아메리카, 남아메리카, 그리고 멀리 아시아 지역까지 식민지를 건설하기도 했다. 식민지가 건설되는 모습과는 대조적으로 일부 국가에서는 시민들의 인권에 대한 요구가 늘어남에 따라 시민 혁명이 일어나기도 했다.

그 시기의 한반도에서는 신라가 삼국을 통일하고, 고려가 그 뒤를 이었다. 고려 이후에는 조선이 등장했다. 태조 이성계가 세운 나라인 조선은 500년 정도 이어지다가 일제 강점기를 맞았다. 이후 일제 강점기에서 광복한 우리 민족은 미군과 소련의 신탁 통치를 거친 후, 남과 북에 각각 다른 정부를 세웠다. 이는 다시 6·25 라는 비극으로 이어졌다. 1960년대 이후 급격한 경제 발전을 거쳐 지금에 이르렀다.

고대 로마 못지않은 긴 시간이 대한민국에도 흘렀고, 우리는 로마의 역사를 전혀 모르더라도 잘 살고 있다. 하지만, 이 사실을 안다면 깜짝 놀랄 수도 있겠다. 로마인은 여전히 우리 주변에 살아 있다. 로마 제국은 멸망했지만, 우리는 그들이 남긴 유산 속에서 살고 있다.

초등학교 6학년 겨울 방학에 학원을 다니게 되면서 나는 태어나서 처음으로 알파벳을 배웠다. 당시에 영어는 중학교 때부터 배우는 교과 과정이었던 터라 학원에 가서야 처음으로 한글 외의 다른 언어를 접하게 되었다. 그때 내가 배우던, 그리고 여러분이 배우는 영문자인 알파벳의 기원이 로마인에게서 비롯되었음을 당신은 아는가.

독일의 쾰른이라는 도시에 간 적이 있다. 쾰른에는 고딕 양식의 뾰족하고 높은 첨탑으로 유명한 쾰른 대성당이 있다. 쾰른 대성당 앞쪽에는 로만 게르만 박물관이 있다. 내가 박물관에 방문했던 날은 아쉽게도 휴관일이어서 안까지는 들어가지 못하고 야외에 전시된 유물만 보고 올 수 있었는데, 그날 알파벳 대문자가 새겨진 큰 석판을 보았다. 당시 봤던 유물 중에 그 석판이 가장 기억에 남는다. 이처럼 로마 제국 세력 안에 있었던 도시들의 유적에 가거나 유물을 볼 때면 알파벳 대문자를 쉽게 발견할 수 있다.

학창 시절 세계사를 처음 배웠을 때 제일 먼저 암기했던 것은 바로 세계 4대 문명 발생지였다. 세계 4대 문명 중에는 메소포타미아 문명과 이집트 문명이 있고, 처음 알파벳을 만든 페니키아 민족은 이 두 문명의 영향을 받았다. 페니키아 민족이 만든 알파벳은 곧 유럽의 그리스로 전파되었다. 그리스인들이 사용하던 알파벳을 곧 로마인들이 받아들여 지금

혼란을 수습하고 로마 초대 황제가 되는
아우구스투스Augustus의 이름에서 8월 "August"가 나온다.

의 영어와 유사한 알파벳 대문자를 만들어 사용했다.

영어에 쓰는 알파벳 26자를 로마자라고 한다. 로마인이 그들의 언어인 라틴어를 표기할 때 썼던 글자라서 그렇다. 알파벳은 영어에만 쓰이지 않는다. 이탈리아, 독일, 스페인, 네덜란드 등 유럽 대부분의 국가에서도 알파벳을 쓰고 있다. 심지어 유럽에서 멀리 떨어진 동남아시아의 베트남도 그들 국가의 말을 알파벳으로 문자를 표기하고 있다.

로마인의 이름이 달력에?

현재 우리가 쓰는 달력을 한 번 살펴보자. 그 달력에서도 우리는 로마인의 흔적을 찾아 볼 수 있다. 로마의 장군이자 정치가였던 율리우스 카이사르는 로마에서 최고 권력자가 된 이후, 여러 개혁을 시도하였다. 그 중에는 달력을 개정하는 일도 있었다. 우리가 지금 사용하는 달력과 거의 유사한 형태의 달력이 그가 실시한 개혁을 통해 나왔다. 흔히 이야기하는 율리우스력이 바로 그것이다.

그는 지구가 태양 주위를 한 바퀴 도는 시간을 365.25일로 계산한 뒤, 1년을 365일로 정했다. 하지만 이로 인해서 0.25일의 오차가 발생한다. 그래서 4년에 한 번씩 2월에 1일을 더해 주었다. 지금도 우리 달력을 보면, 4의 배수인 해에는 2월이 29일까지 있음을 알 수 있다.

그가 제정한 달력은 오랫동안 유럽에서 사용되었다. 하지만 카이사르의 계산에 오차가 있음을 발견한 사람이 있었다. 로마의 교황인 그레고리우스였다. 그는 지구의 태양 공전 주기를 365.2425일로 정했다. 4의 배수인 해의 2월이 29일인 것은 기존과 동일하다. 하지만 100의 배수인 해는 28일로 정해서 오차를 줄였다. 이를 그레고리력이라고 부른다.

우리는 매달을 단순히 1월, 2월, 3월, …… 이렇게 부르지만, 영어는 그렇지가 않다. 1월은 영어로 January, 2월은 February, 3월은 March 라고 한다. 이들이 매달을 부르는 어원은 당시 사람들이 믿던 신화에서 시작되었다. 1월은 출입문을 관장하던 신 야누스Janus와 관련이 있고, 2월은 결실의 신인 루페르쿠스Lupercus에게 제사를 보낼 때 쓰는 가죽 끈인 Februa에 기원이 있다. 3월March은 전쟁의 신인 마르스Mars에서 나왔다.

그리고 7월과 8월은 로마 제국에 실제로 존재했던 사람의 이름에서 기원을 찾을 수 있다. 율리우스 카이사르가 죽은 뒤에 그를 존경하는 의미에서 그의 이름 율리우스Julius는 7월을 뜻하게 되었고, 영어로 지금의 "July"라고 한다. 7월을 뜻하게 된 이유는, 그가 태어난 달이 7월이기 때문이다. 카이사르가 죽은 후, 로마는 혼란에 오랫동안 내전을 치르게 된다. 그 혼란을 수습하고 로마 초대 황제가 되는 아우구스투스Augustus의 이름에서 8월 "August"가 나온다.

기차?! 로마인이 왜 거기서 나와?

이번에는 기차의 기원을 쫓아가보자. 기차는 영국의 증기 기관에서 시작되었다. 왜 로마인이 거기서 나올까 하고 의문을 가져볼 만하다.

로마 제국의 영토는 남쪽으로는 현재의 북아프리카, 동쪽으로는 서남아시아 지역까지 달했다. 그리고 북쪽으로는 현재의 영국, 서쪽으로는 현재의 포르투갈까지 그들의 영향력 아래 있었다. 로마인들은 그들의 영향력 아래에 있는 도시에 로마 문명을 이식했다. 이탈리아에서 각 도시들을 연결하기 위해서 만든 도로, 다시 말하면 로마식 가도를 영국에도 건설했다.

로마인들이 건설한 가도는 어느 지역을 가더라도 규격이 똑같았다. 그 가도의 가운데에는 마차와 수레가 오갔고, 양 옆에는 사람들이 다닐 수 있는 보도가 있었다. 전투용 마차들의 바퀴 폭은 4피트 8.5인치143.5센티미터로 동일했다.

그런데 로마 제국이 멸망하고 나서 로마군이 돌아간 뒤에 그들의 전차가 다니던 바퀴 자국이 그대로 남아 있었다. 그래서 영국의 마차들은 로마군의 전차가 남긴 바퀴 자국에 바퀴를 끼운 채 운행을 해야만 했던 것이다. 영국의 모든 마차들은 로마 시대의 마차 바퀴 자국에 맞춰서 그 간격을 표준화했다.

증기 기관을 만든 영국의 조지 스티븐슨은 마차 바퀴 자국 폭에 증기 기관의 레일 규격을 맞추었다. 그 폭은 4피트 8.5인치였고, 이는 우리나라 철도 레일의 현재 폭과 동일하다. 그리고 전 세계 철도의 60%가 이 규격을 사용하고 있다고 한다.

위의 사례들과 같이 로마인들이 남긴 흔적은 곳곳에 살아 숨 쉬고 있다. 로마 제국은 기원 후 476년에 멸망했지만 그들이 남긴 유산은 여전히 현대인들의 삶에 녹아 있다. 종교 중심의 중세 시대를 거치면서 '이교도'가 남긴 것이라는 명목으로 로마인들의 유산이 많이 훼손되었다. 하지만, 르네상스 시대를 거치면서 그들의 가치는 재조명되고 다시 태어난다. 그리고 현대 서양 문명의 뿌리가 되었다.

우리나라도 1960년대 이후 사회·경제적으로 발전을 거듭하면서 서구화되었다. 서양의 문물과 문화를 받아들인 것이다. '로마인의 후예'와 본격적으로 교역을 시작하게 되었다. 결국 우리나라도 로마인의 영향력 아래에서 자유롭지 않게 된 것이다. 나는 서울에 갈 때면 전철을 이용하고는 하는데, 2호선을 타게 되면 한강을 건널 때 국회의사당 건물을 볼 수 있다. 눈에 국회의사당 건물이 보일 때마다 나는 고대 로마의 장군이었던 아그리파가 건설했던 판테온 신전이 생각난다.

로마인들이 남긴 흔적은 곳곳에 살아 숨 쉬고 있다.
로마 제국은 기원 후 476년에 멸망했지만
그들이 남긴 유산은 여전히 현대인들의 삶에 녹아 있다.

모든 신들의 신전 판테온Pantheon 이야기

판테온은 아름다운 신전이다. 판테온은 로마의 첫 번째 황제인 아우구스투스의 오른팔이었던 아그리파에 의해서 지어졌다. 하지만 화재로 인하여 소실되었고, 하드리아누스 황제가 다시 지었다. 하지만 초기에 부착되어 있던 석판은 그대로 남아서 그 안에서 아그리파의 이름을 찾을 수 있다. 판테온은 그리스어로 Pan모든 과 theon신의 합성어이다. 로마의 다신교 신들을 위한 신전이었지만 중세 시대를 거치면서 성당으로 그 용도가 바뀌게 되었다.

로마가 21세기 청년에게 미치는 영향

우정은 풍요를 더 빛나게 하고, 풍요를 나누고 공유해 역경을 줄인다.

―마르쿠스 툴리우스 키케로, 고대 로마의 정치가·문인

나의 첫 『로마인 이야기』

1995년 가을의 어느 날이었다. 부모님을 따라 갔던 서귀포 시내의 어느 서점에서 나는 한 권의 책을 집어 계산대 위에 올려놓았다. 부모님께서는 '초등학생이 무슨 이런 책을…….'하고 생각하셨을지도 모른다. 하지만, 만화책을 제외하고는 평소 내가 읽고 싶어 하는 책이라면 대부분 사주셨던 부모님께서는 망설임 없이 결제를 하셨다. 그 책 제목이 바로 시오노 나나미의 『로마인 이야기』였다. 그렇게 나는 태어나서 처음으로 '로마인'을 만났다.

어릴 적에 내 주위 사람들은 위인전을 많이 읽어야 한다고 이야기했던 기억이 난다. 그들은 이런 사람들을 본받아야 한다며 책 속의 사람들이 하는 말과 행동들을 잘 보고 배워야 한다고 말했다. 지금 다시 그 책들을 읽으면 어떤 느낌일지 모르겠다. 하지만 당시 나는 별다른 흥미를 느끼지 못했던 것 같다. 내가 읽었던 책 속의 인물 중에 그나마 기억나는 사람은 발명왕 에디슨밖에 없다.

그런데 로마인은 조금 달랐다. 싸우는 것 빼고는 제대로 할 수 있는 게 거의 없는 것 같았다. 건국 초기의 로마는 수많은 남자가 모인 부랑자 집단의 도시처럼 보였다. 하루는 이웃에 사는 민족인 사비니족을 불러서 축제를 벌였다. 그리고 사비니족의 남자들이 방심한 사이에 사비니족의 여자들을 납치하여 겁탈하고 아내로 삼아버렸다. 지금의 가치관으로 보면 구속되어서 천벌을 받아 마땅하다.

하지만, 그들은 그들의 아내가 된 사비니족 여인들에게 가정적으로 잘 대해주었다. 비정상적으로 시작된 가족이었음에도 사랑이 싹텄다. 이후 로마인과 사비니족은 전투를 벌이지만, 사비니족 여인들의 중재 끝에 싸움은 끝이 났다. 그리고 사비니족은 로마로 이주하여 로마인과 함께 살아가게 된다.

인구 증가를 위해서 다른 부족의 여자들을 겁탈하여 아내로 삼았던 로마인. 이것이 로마인의 첫 인상이었다.

다른 사람과의 관계 속에서 우리는 성장한다

우리는 살아가면서 여러 사람을 만나게 된다. "응애!"하고 울음소리를 내며 세상에 나오면 부모님이 우리를 반겨준다. 그리고 할아버지, 할머니, 삼촌, 이모, 고모 등의 친척이 찾아온다. 시간이 지나면 부모님의 친구들이 찾아와서 예쁘게 잘 크라면서 덕담을 하고 가신다.

요즘 3살에서 5살 사이의 아이들은 대부분 어린이집에 가서 여러 친구를 만난다. 내가 어릴 때에는 동네 친구들이 전부였다. 나는 경남 마산의 어느 시골에서 유년 시절을 보냈다. 동네 친구들과 딱지치기를 하려고 신문지로 딱지를 만들었던 기억이 남아 있다.

중·고등학교, 대학교, 군대와 직장생활을 거치면서 우리들이 만나는 사람들은 다양해진다. 여러 사람과 맺는 관계 속에서 우리는 성장한다. 우리가 맺는 관계가 항상 좋은 것은 아니다. 사람들 간의 이해관계가 얽히고설키면서 상처받기도 하고, 그 상처가 평생의 트라우마로 남을 수도 있다. 한편, 상처를 치유하고 극복하는 과정에서 한 단계 발전하는 나의 모습을 발견할 수도 있다.

군대에서 제대한 지 일주일 만에 나는 서울행 비행기를 탔다. 서울에 살고 있던 이모가 운영하는 여성 의류 인터넷 쇼핑몰에서 아르바이트를 하게 되었기 때문이다. 일을 하던 어느 날엔 이모가 나에게 심한 욕을 했다. 그 이유는 잘 기억이 나질 않는다. 하지만, 이야기를 듣고 난 뒤에 남몰래 울었던 일은 기억 난다. 그때 난 알게 되었다. 돈 버는 것이 정말 쉽지 않다는 것을.

이전 회사에서 함께 근무하던 부장님은 나에게 이렇게 말씀하셨다.

"열심히 하는 것은 개나 소나 다 하는 기다. 잘하는 것이 중요하다 아이가."

그렇다. 돈 벌어서 잘 먹고 잘 살기 위해서는 무엇이든 잘해야 한다. 열심히 하는 것은 누구나 할 수 있다. 하지만, 성과를 내지 못하고 부족해보이는 직원은 질타를 받게 된다. 그때 이모의 쓰디쓴 몇 마디도 내가 더 분발하기를 원했기 때문이 아니었을까.

인생을 살아감에 있어서 어떤 사람을 만나는가는 정말 중요하다. 이모의 말을 통해 나는 사회생활을 하면서 돈 버는 것이 쉽지 않다는 사실을 몸으로 체득할 수 있었다. 그리고 이전 직장의 부장님에게서 자신의 성과를 보여주는 것이 얼마나 중요한지 깨닫게 되었다. 이처럼 여러 사람과 관계를 맺고 살아오며 여러 가지를 배울 수 있었다. 마찬가지로 나는 로마인에게서 많은 것을 배웠다.

어린 시절의 나는 미래를 두려워했다. '이번 시험 못 보면 어떻게 하지?', '집에 늦게 들어갔다가 야단맞으면 안 될 것 같은데…….', '이 돈을 잃어버리면 난 어떻게 되지?'와 같은 걱정들이 언제나 나의 머릿속을 맴돌았다.

나는 어떤 일이든 도전을 시작하기도 전에 겁을 먹고 두려워한 적도 많았다. 하지만, 로마인은 달랐다. 새로운 도전을 두려워하지 않았다. 오히려 당연한 것처럼 생각했다. 마치 자신이 해야 하는 일이었던 것처럼 도전을 준비하고 맞서 싸웠다. 『로마인 이야기』 속의 성장 스토리를 읽으며 나는 조금씩 변했다. 로마가 끊임없이 도전하는 과정을 거쳐서 성장한 것처럼.

로마의 성장 과정은 달콤하지만은 않았다. 크게 성장하려는 만큼 큰 시련이 뒤따를 때도 있었다. 자신이 살던 도시를 이민족이 파괴하는 모습을 언덕 위에서 바라만 봐야할 때도 있었다. 귀족과 평민 간의 계급 투쟁이 커져 로마 자체가 위기에 처하기도 했다. 하지만, 위기가 찾아올 때도 오뚝이처럼 다시 일어나 하나씩 극복했다. 나는 로마인들이 극복하는 모습을 보면서 삶에 있어서 어떤 일이든 할 수 있다는 자세가 중요하다는 것을 알게 되었다. 그리고 큰 위기일지라도 도전적으로 맞서서 노력한다면 나의 성장에 도움이 될 수 있다는 믿음이 생겼다.

로마가 위기를 극복하고 성장하는 모습을 보며 우리 삶의 모습을 비춰볼 수 있었다. 우리의 삶과 로마의 역사는 많이 닮았다. 코 흘리고 다니던 어린 시절이 있는 것처럼 로마의 처음 시작도 이탈리아 중부의 조그만 도시 국가였다. 우리가 일상에서 흔하게 접할 만큼 이제는 세계적인 기업이 된 애플의 시작이 차고였듯이, 로마의 시작도 미약했었다.

시간이 지나자 이탈리아반도 내의 여러 강한 부족이 로마의 세력 안으로 들어왔다. 남부 이탈리아에 그리스인이 세웠던 여러 도시도 로마의 동맹국이 되었다. 로마의 영토는 점점 확장되었고, 로마를 따르는 사람들 또한 점점 늘어났다. 도시 국가로 시작한 로마의 힘은 갈수록 커졌고, 마침내 이탈리아반도를 통일했다. 그리고 더 힘을 넓혀 지중해까지 자신들의 바다로 만들었다. 이후에는 현재의 영국 지역인 브리타니아 지방까지 진출하기도 했다. 이는 아이가 성인이 되고 여러 사람과 관계를 맺으며 성장하는 모습과 닮았다.

나는 로마인들이 극복하는 모습을 보면서
삶에 있어서 어떤 일이든 할 수 있다는 자세가
중요하다는 것을 알게 되었다.

하지만, 성장은 영원하지 않다. 모든 사람은 결국 늙게 된다. 로마도 마찬가지였다. 시간이 흐르자 전과 다르게 위기 대처 능력이 떨어지게 되었다. 누구보다 강해보였던 로마도 점점 쇠퇴했다. 결국은 이민족에 의해 황제가 폐위당하며 멸망했다.

로마인은 내 삶의 동반자였다

로마인은 나와 전혀 다른 시간과 공간에 살았지만, 나에게 너무도 많은 것을 알려주었다. 로마인과 만났던 날은 그래서 나에게 특별하다. 앞서 말했듯이 사람이 인생을 살아가면서 어떤 사람을 만나는가는 무척 중요하다. 긍정적인 사람을 만나면 긍정적인 사람이 될 수 있고, 부정적인 사람을 만나면 부정적인 사람이 될 수도 있다. 자신이 똑똑해지고 싶다면 현명한 지식인을 찾아가야 하고, 부자가 되고 싶다면 부자를 찾아가 그들의 생활 방식을 지켜볼 필요가 있다.

로마와 대한민국 사이의 거리는 매우 멀다. 공간적으로도 멀지만, 로마인이 살던 시대 이후 긴 시간이 흐르기도 했다. 이렇게 시공간적으로 굉장히 멀리 떨어져 있는 로마인이지만, 나는 그들에게서 많은 것을 배웠다. 그들이 나에게 많은 것을 알려주었다는 사실은 절대 부인할 수가 없다. 로마인은 나에게 친구이자 스승이었으며, 삶의 동반자였다.

ROME - 04

내가 퇴사하고 로마로 떠난 이유

인간의 가장 좋은 날이
가련한 인간에게서 언제나 맨 먼저 도망가노라.

– 베르길리우스, 고대 로마의 시인

그들의 성공 비결은 무엇일까

"퇴사하겠습니다."

첫 번째 직장에서 1년 6개월 정도 회사 생활을 하고 있던 때였다. 회사와 나 사이에 별다른 문제는 없었다. 야근이 많고, 업무량이 많은 회사였지만 그만큼 많은 것을 배울 수 있었다. 같이 일하던 동료들과도 아무런 문제도 없었다. 함께 일하던 차장님과 이사님은 아쉬워하셨다. 개인적으로도 아쉬움이 있었다. 2년간의 구직 활동 끝에 힘들게 취직한 회사였다. 퇴직 후 더 좋은 회사에 재취업된다는 보장도 없었다. 그럼에도 나는 퇴사를 선택할 수밖에 없었다.

내가 퇴사를 결정한 이유는 '유럽 여행'을 다녀오기 위해서였다. 유럽 여행 중에 만난 많은 사람에게 대단하다는 이야기를 들었는데, 아마도 잘 다니고 있던 직장을 그만두고 유럽까지 온 용기가 멋있게 보였기 때문일 것이다. 내가 직장을 그만두면서까지 유럽 여행을 간 이유는 책에서 읽었던 역사적 장소에 다녀오고 싶었기 때문이다. 어릴 적부터 읽었던 『로마인 이야기』, 그 책 속의 무대가 되었던 곳에 다녀와야겠다는 열망이 강했다. 시간이 많았던 대학생 시절에는 돈이 없었다. 직장 생활을 할 때는 돈은 있었으나 시간이 없었다. 그래서 나는 유럽으로 가기 위해 사표를 던졌다.

도대체 로마인은 누구인가? 나는 왜 잘 다니던 회사를 그만두고, 배낭 여행을 가게 되었을까? 1,600여 년 전에 멸망한 국가에 살던 사람들은 나에게는 무엇이었던가? 그들은 어떻게 성공했고, 어째서 멸망했을까? 왜 나는 그들이 남긴 문화유산을 좋아하는 것일까?

오랫동안 '로마인'을 알고 지냈다. 돌이켜 생각해보면, 위와 같은 질문에 대해서 한번쯤 생각해볼 필요가 있었다. 이제부터 위의 여러 질문 중 두 가지에 대해서 이야기해보려고 한다.

첫 번째, 로마인들이 세운 나라가 1,200년이라는 긴 세월 동안 지속되고 유지될 수 있었던 이유는 무엇일까.

역사가 문자로 기록되기 시작한 이후 오랜 시간 동안 전 세계의 여러 민족이 국가를 세웠다. 어떤 민족이 세운 나라는 크게 번영했고, 다른 어떤 민족이 세운 나라는 역사 속으로 사라졌다. 유대인처럼 2,000년이 넘는 시간 동안 자신들의 나라를 갖지 못한 채 방황한 민족도 있었다. 그리고 로마인들은 그들의 나라를 1,200년에 걸친 오랜 세월 동안 유지하고 발전시켰다. 흥망성쇠를 보여준 인류 역사 속 여러 나라를 생각해 볼 때, 로마라는 나라가 가진 1,200년은 단순한 수치 이상의 의미를 가질 수 있다고 본다.

가끔 "짧고 굵게 간다."라거나 "가늘고 길게 간다."는 말을 하게 된다. 하지만, 로마의 역사는 이 2가지 범주를 벗어난다. 그들의 역사는 "굵고 길게 갔다.". 그들의 역사가 "굵었다"고 하는 것은 그들이 인류 역사에 많은 것을 남겼기 때문이다. 그들은 승리자였다. 그들이 다녔던 길은 제국 전체로 뻗어 나갔다. 그리고 그들의 문명은 유럽과 북아프리카는 물론, 아시아 곳곳까지 전파되었다. 그들이 세운 국가를 작품으로 표현한다면 명작이라고 이야기할 수 있다.

성공하고자 한다면 성공한 사람 옆에서 그들의 숨소리부터 시작하여 사고방식, 습관도 배워야 한다. 부자가 되기 위해서도 마찬가지다. 그들이 부자가 된 모습을 부러워할 것이 아니라, 부자들이 어떻게 부자가 될 수 있었는지를 알아야 한다. 그래서『부의 차월 차선』,『부자 아빠 가난한 아빠』와 같은 책들이 시중에서 베스트셀러가 될 정도로 잘 팔리고 있다고 생각한다.

대학교 시절에 경영학 전공을 하면서 '벤치마킹'이라는 단어를 알게 되었다. 벤치마킹이란, 기업에서 경쟁력을 높이기 위한 일환으로 다른 회사의 장점을 배워오는 것을 의미한다. 벤치마킹 개념은 국가에도 적용시킬 수 있다. 성공한 나라가 있다면 우리는 그들에게서 배워야 한다. 그 대상은 아주 많다. 선진국이라 할 수 있는 미국과 유럽의 여러 국가들, 그리고 우리나라와 가까운 중국과 일본을 통해서도 우리는 벤치마킹할 수 있다.

시야를 더 넓혀 보면, 역사적으로 훌륭했던 여러 나라를 살펴볼 수도 있다. 여러 민족과 나라들이 흥했던 시기와 그 이유를 통해 새로운 관점을 여는 것이다. 이를 우리 시대에 비추어 생각해보는 것이 역사를 통한

'벤치마킹'의 시작이다.

역사적 인물인 '로마인'은 그들의 역사를 통해서 여러 가지 이야기를 해주고 있다. 오랜 세월 동안 살았던 그들은 작은 도시 국가에서 시작하여 지중해 지역을 정복했다. 그리고 현재의 영국, 프랑스, 독일, 루마니아 지역까지 그들의 세계로 편입시켰다. 단순한 정복에서 끝나지 않았다. 로마 문명은 로마 제국 곳곳에 모습을 드러냈다. 유럽 곳곳에 남아 있는 유산들이 이를 이야기해주고 있다. 황폐화된 유적지와 그들이 남긴 문헌들이 우리에게 말한다. 그들의 훌륭했던 역사를, 성공한 자의 역사를 말이다. 그들이 성공했던 비결은 도대체 무엇일까?

그들이 남긴 문화유산에서 무엇을 배워야할까

나의 유럽 여행은 원래 20일 정도의 일정으로 이탈리아만 다녀올 계획이었지만, 비싼 비행기 표 값을 주고 간 김에 다른 나라도 다녀와야겠다는 생각이 들었다. 그래서 영국, 네덜란드, 독일, 스위스도 다녀왔다. 다른 나라들에서도 나는 '로마인'을 만날 수 있었다. 영국 런던 근교에는 로마식 목욕탕이 재현된 도시인 "바스Bath"가 있다. 독일 쾰른에는 뾰족한 고딕 양식의 성당으로 유명한 쾰른 대성당 앞에 "로만게르만 박물관"이 있다. 이처럼 유럽 곳곳에서 그들이 남긴 유산들을 볼 수 있다.

그들이 남긴 유산들은 웅장하고 화려하게 느껴진다. 그러면서도 사람들이 더 좋은 삶을 살 수 있게 도와주는 것들이 많다. 그중 대표적인 것

독일 쾰른에는
뾰족한 고딕 양식의 성당으로 유명한 쾰른 대성당 앞에
"로만게르만 박물관"이 있다.
이처럼 유럽 곳곳에서 그들이 남긴 유산들을 볼 수 있다.

은 그들이 건설한 '가도'다. 가도는 사람과 물자가 보다 편리하게 이동할 수 있도록 도와준다. 그 다음으로는 '수도교'가 있다. 사람들이 많이 모인 도시에서 발생할 수 있는 물 부족 문제를 해결한다. 각 도시마다 발견되는 '콜로세움'과 같은 원형 경기장은 일에 지친 사람들이 스트레스를 풀 수 있게 해주는 장소였다. 이렇게 그들이 남긴 유산들은 인간의 삶과 연관되어 있었다. 사람들이 살아가며 부딪힐 수 있는 여러 문제에 대한 해결책 역할도 했었다. 다시 말하자면, 그들의 문화는 매우 실용적이었다.

로마인의 실용적인 정신은 단순히 그들이 건설한 것에만 남아 있지 않다. 그들은 법의 민족이기도 했다. "로마에 가면 로마법을 따르라."고 하는 속담도 있지 않은가. 로마가 국가를 확장함에 따라, 같은 나라의 울타리 안에서 여러 민족을 함께 살아갈 수 있게끔 해야 했다. 여러 민족들이 가진 문화와 습성을 고려해보자면 쉬운 일은 아니었다. 그래서 로마 제국에 편입된 여러 민족의 행동 양식을 규정하고자 '법'이라는 테두리를 마련했다. 그들 간에 분쟁이 일어나면 '법'으로 이를 해결했다. 이념이 다르다고 해서 처벌한다거나, 믿는 종교가 다르다고 하여 차별받는 일은 일어나지 않았다.

이념이나 철학 같은 요소에 휘둘리지 않고 어느 쪽이 국가와 공동체에 더 도움이 될 것인지를 기준으로 판단하는 로마인. 나는 로마인들의 사고방식이 가진 힘을 느꼈다. 실용적인 생각은 결국 인간적인 삶과 귀결된다. 실용적인 아이디어는 결국 우리를 보다 나은 삶으로 연결한다. 인간이 가진 보다 나은 삶을 위한 욕구를 로마인의 사고방식에서 볼 수 있다고 생각한다. 또한 나는 로마인을 통해서 그들의 실용적인 사고방식이 성공한 이유 중 하나로 자리 잡고 있다는 것을 알게 되었다.

많은 사람이 그리스인에게는 '철학'이 있지만, 로마인에게는 '철학'이 없다고 이야기한다. 하지만 사람의 행동을 보면 그들의 생각을 알 수 있고, 그들이 삶에서 중요하게 생각하는 요소도 알 수 있다. 로마인의 철학은 실용주의가 아니었을까. 그렇다면 로마인의 실용적 사고방식은 어디에서 시작되었을까? 로마인이 나에게 던진 두 번째 질문이었다.

나는 로마인 때문에 잘 다니던 회사도 그만두고 머나먼 이탈리아까지 다녀왔다. 그들의 무엇이 나를 움직이게 했을까. 내가 움직인 이유는 단순히 평생의 소원이었던 '유럽 여행'을 가기 위함은 아니었다. 로마인들은 내게 보여주었다. 그들이 남긴 훌륭한 문화적 자산에 대해. 그래서 나는 그들의 흔적을 쫓았다. 그 안에 어떤 정신이 들어 있는지 궁금했다. 그들의 성공 비결과 우리 삶을 위한 지혜. 그들이 던진 질문에 나는 깊이 있는 대답을 하고 싶었다.

기억해야 할 로마의 역사적인 순간들

로마는 세 번 세계를 제패하고 통합시켰다.
첫 번째는 군사력으로 국가의 통합,
두 번째는 기독교로 종교의 통합,
세 번째는 로마법으로 법의 통합을 이뤘다.

– 루돌프 폰 예링, 독일의 법학자

제 2차 포에니 전쟁의 자마 전투

학창 시절에 공부했던 역사는 무척 지루하고 어려웠다. 연도별로 외워야 할 사건들이 많았고, 기억해야 할 인물들도 많았다. 대부분 학생들이 국사를 어려워하고 기피했다.

이런 현상이 일어난 이유는 시험을 보기 위해 국사를 공부하기 때문이라고 생각한다. 시험을 보고자 역사를 공부하게 되면 역사는 암기 과목이 되고 만다. 수업 시간에 선생님께서 중요하다고 이야기해주신 부분들을 달달 외웠다. 그리고 교과서에 별표가 쳐진 부분들을 연습장에 옮겨적으며 암기했다. 그렇게 머릿속에 집어넣어서 국사 과목에서 좋은 성적을 얻긴 했다. 하지만, 그때 배웠던 것 중에 나에게 남은 것은 무엇일까.

오랜 세월 동안 내가 공부를 하면서 알게 된 것 중 하나는 단순한 암기는 공부에 큰 도움이 안 된다는 것이다. 고등학교 때 국사 선생님께서도 역사에서 중요한 것은 역사적 기록을 암기하는 것이 아니라고 하셨다. 선생님은 그 당시 사회에서 큰 의미를 가지는 사건들을 위주로 기억하라고 말씀하셨다. 이를 통해 당시 사회가 변화되는 흐름을 이해할 필요가 있다고 강조하셨었다.

고대 로마도 마찬가지다. 1,200여년이나 되는 로마 역사에도 여러 사건이 있었다. 그중 로마인에게 큰 영향을 미친 몇 가지 사건들이 있다. 그 사건들의 발생은 이후 로마 사회가 겪을 변화에 많은 영향을 주었다. 어떤 사건들이 있는지 한번 살펴보자.

첫 번째 사건은 기원전 202년 여름에 벌어졌다. 장소는 현재의 북아프리카 튀니지 지역인 카르타고의 자마 지방이었다. 그곳에서 서양 고대에서 손꼽을 만한 명장인 한니발과 로마의 천재 장군 스키피오의 전투가 벌어졌다. 역사에서는 이 사건을 '자마 전투'라고 부른다.

이탈리아 중부 테베레 강에 있던 일곱 개의 언덕에서 시작한 작은 도시 국가 로마는 점점 세력을 넓혀서 이탈리아반도를 통일했다. 당시 지중해 세계에서 가장 강력했던 나라는 북아프리카 지역의 비옥한 땅을 기반으로 하고 있던 카르타고였다. 이탈리아반도 내의 여러 적들만 상대했던 로마는 카르타고와 전쟁을 벌이게 되는데, 이 전쟁이 포에니 전쟁이다. 그 전쟁에서 카르타고는 패배하였다.

비르카 가문 출신으로 로마를 향한 복수심에 불타던 카르타고의 장군 한니발은 알프스를 넘어 로마로 쳐들어간다. 로마는 군대를 편성하여 한니발을 상대하지만, 한니발은 매 전투마다 승리를 거두며 로마군을 무력화시킨다. 그 후 10년이 넘는 세월 동안 이탈리아반도를 유린했다.

로마는 한니발을 무찌르기 위해 온갖 방법을 다 써보지만 대부분 실패했다. 로마가 할 수 있는 방법은 지구전이었다. 상대와 전면전을 피하는 대신에 견제를 하여 한니발의 움직임을 봉쇄하고자 하였다. 이탈리아 밖에서 한니발에게 오는 지원도 막았다. 이 전략은 효과를 발휘했다. 하지만, 이탈리아반도로 들어올 때 한니발의 나이는 28세. 13년이 지났음에도 41살뿐이 되지 않았다. 한니발에게 큰 타격을 주지 못하면 전쟁은 언제 끝날지 기약이 없었다.

그때 젊은 장군 스키피오가 등장한다. 그는 카르타고가 있는 아프리카로 쳐들어가서 싸우겠다고 이야기했다. 그리고 이를 통해 한니발을 이탈리아에서 끌어내겠다고 장담했다. 전쟁은 그의 뜻대로 전개되었고, 로마와 카르타고의 전투는 카르타고 '자마' 지방에서 벌어진다.

자마 전투에서의 승리는 스키피오가 지휘한 로마군에게 돌아갔다. 이 전투는 지중해 지역의 패권이 누구에게 돌아가느냐가 걸린 중요한 전투였다. 로마는 카르타고를 무너뜨려 지중해 지역의 최강국이 되었다. 자마 전투에서 승리한 이후 로마는 유례없는 급성장을 하게 된다. 그리스 지역 정복은 물론 아시아 지역까지 정복하면서 여러 식민지를 만들었다. 이를 기반으로 한 경제적 성장은 로마에 많은 변화를 가져왔다.

율리우스 카이사르, "주사위는 던져졌다."

두 번째 사건은 기원전 49년 1월이었다. 바로 율리우스 카이사르가 루비콘강을 건넌 사건이다. 이 일이 의미 있는 것은 로마 정치에 근본적인 변화를 가져왔기 때문이다.

로마 제국의 역사는 왕정, 공화정, 제정 시대로, 세 부분으로 나누어 볼 수 있다. 앞서 이야기했던 포에니 전쟁 이후의 급격한 성장은 로마에게 부정적인 면도 가져다주었다. 전쟁에 인력이 지속적으로 투입되는 바람에 자영농이 몰락하게 되었고, 원로원 귀족들은 이를 틈타서 많은 영토를 빼앗아 보유하였다. 빈부 격차가 심해지고 있었지만, 사람들은 세계의 중심이 된 로마로 몰려들었다.

빈부 격차와 많은 인구 유입 등을 해결하고자 하는 개혁파와 자신들의 기득권을 지키고자 하는 보수파의 싸움이 계속되었다. 개혁파의 중심에 율리우스 카이사르가 있었다. 율리우스 카이사르는 로마 민중을 위한 법안을 제시하여 시민들의 마음을 얻었다. 집정관 임기 종료 후에는 8년에 걸쳐 갈리아 지역을 정복하여 로마의 영토를 더 넓히기까지 했다. 시민들은 그에게 열광했다.

원로원 귀족들은 카이사르의 권력이 강해지는 것을 막고 싶었다. 그래서 '원로원 최종권고'를 선포하여 그를 국가 반역자로 만들었다. 당시 루비콘강은 본국과 속주를 구분하는 경계 역할을 했는데, 무장한 채로 루비콘강을 건너는 것은 앞으로 동족과 치열한 내전을 벌여야 한다는 것을 의미했다. 하지만, 카이사르는 강을 건넜다. 이후 벌어진 내전에서 카이사르는 폼페이우스를 무찌르고 이집트까지 세력권 안에 넣어 로마로 돌아와 승리자가 되었다. 카이사르는 최고 권력자라 할 수 있는 종신 집정관이 되었으며 로마에 필요한 개혁을 추진한다.

그러나 카이사르는 1명의 왕이 지배하는 시대로 복귀하기 싫었던 공화정 주의자들에게 둘러싸여 칼을 맞고 죽게 된다. 하지만, 후에 카이사르의 양자인 옥타비아누스가 그의 뜻을 이어받아 내전을 완전히 종식시키고 기원전 30년에 로마 역사상 첫 번째 황제가 된다.

당시 루비콘강은 본국과 속주를 구분하는 경계 역할을 했는데,
무장한 채로 루비콘강을 건너는 것은
앞으로 동족과 치열한 내전을 벌여야 한다는 것을 의미했다.
하지만, 카이사르는 강을 건넜다.

카이사르가 루비콘강을 건너지 않았다면 어떻게 되었을까? 당시 로마는 대내외적으로 많은 어려움에 처한 상황이었다. 시민 계급이 토지를 잃고 몰락하자 로마 제국을 떠받치던 힘 중 하나인 군대가 약해졌다. 공화정 주의자들은 사회 혼란 해결에 대한 비전을 전혀 제시하지 못했다. 로마는 점점 더 큰 혼란 속으로 빠져들고 있었다.

카이사르가 루비콘강을 건넌 사건은 로마가 공화정에서 제정으로 이행하게 한 사건이었다. 공화정 시대의 로마가 고속 성장기에 있었다면, 제정 시대의 로마는 안정 성장기로 나아가게 된다.

밀라노칙령, 콘스탄티누스 대제의 기독교 공인

세 번째는 콘스탄티누스 대제가 기독교를 공인한 사건이다.

로마 초기에 기독교인들은 많은 박해를 받았다. 기독교인들의 입장에서 보자면 억울한 사건들도 있었다. 그중 한 사건은 네로 황제 시절에 있었던 로마 대화재다. 기독교인들에게 로마 대화제에 대한 책임의 화살이 돌아갔고, 네로 황제는 기독교인들에게 책임을 전가하여 사형을 내렸다.

사실 고대 로마와 기독교는 좀처럼 어울릴 수 없는 사이였다. 로마 사회는 전통적으로 다신교 사회였다. 하지만, 기독교는 유일신을 섬기는 신앙이었고, 기독교인들은 로마 제국에서 벌어지는 여러 제사 행사들을 부인했다. 신들에게 경건한 믿을 갖진 로마인들에게 기독교인들의 이런 행동은 로마 사회를 혼란에 빠뜨릴 수 있었다. 상황이 이러니, 로마 사회의 지배층은 기독교에 대해서 좋지 않은 시선을 가질 수밖에 없었다.

기원후 312년 10월. 콘스탄티누스는 다른 황제였던 막센티우스와 전투를 벌여 승리를 거두고 서로마의 황제가 된다. 그리고 313년 2월 동로마를 다스리고 있던 리키니우스와 함께 이런 내용을 담은 밀라노 칙령을 발표한다.

"이제부터 모든 로마인은 원하는 방식으로 종교 생활을 할 수 있다. 로마인이 믿는 종교는 무엇이든 존중을 받는다."

기독교에 대한 언급은 없지만, 기독교인들의 종교 활동을 탄압해서는 안 된다는 내용도 포함되어 있다고 볼 수 있다. 게다가 콘스탄티누스는 기독교를 적극적으로 보호하는 정책을 펼치기도 했다. 그래서 교회는 몰수당했던 재산을 돌려받을 수 있었다. 이후인 기원후 392년에는 테오도시우스 황제가 국교로 기독교를 선포하여 로마는 다신교 국가에서 기독교 국가가 되었다.

사실 이외에도 기억할 만한 사건이 꽤 많다. 당시의 결정과 사건의 결과가 로마에 미친 영향을 고려했을 때, 위 세 가지 사건은 많은 의미를 지닌다고 생각한다. 역사를 보면 사회의 주류 세력이 바뀌어 큰 물줄기가 변화되는 시점을 찾을 수 있다. 이 시점을 중심으로 역사에 다가간다면 보다 재미있게 역사를 즐길 수 있다고 생각한다.

콘스탄티누스 개선문을 보고 감탄한 나폴레옹

콜로세움 바로 옆에는 콘스탄티누스 황제의 개선문이 있다. 그 개선문은 콘스탄티누스 황제가 밀비오 다리에서의 승리를 기리며 만든 개선문이었다. 그로부터 1,500년 후에 프랑스의 장군 나폴레옹이 로마에 왔다. 그는 콘스탄티누스 개선문을 보고 굉장히 멋있다고 생각하며 프랑스 파리로 가져가려고(?) 했다. 하지만 현실적으로 가져가는 것은 무리였기에 자신의 여러 승리를 기리며 파리에도 개선문을 만들게 되었다.

주사위는 던져졌다, 선택에 대하여

세계는 한 권의 책이다.
여행하지 않는 사람들은 그 책의 한 페이지만 읽는 것과 같다.

– 아우구스티누스, 고대 로마의 철학자·사상가

"루비콘강을 건너다."라는 말의 유래

유럽 여행 중에 리미니라는 도시에서 있었던 일이다. 호텔 직원과 간단하게 영어로 대화를 나누고 있었다. 기차 출발 시간이 거의 다 되어서 나는 "Bueno giornata부에노 조르나타."라는 인사를 하고 나왔다. 이탈리아어로 "즐거운 하루 되세요."라는 뜻이다. 갑자기 생각지도 못한 인사말에 당황했는지 그 직원은 어색한 미소를 지을 뿐이었다.

리미니는 관광 도시가 아닌 휴양 도시였다. 관광객들에게 알려지지 않은 도시였는데, 내가 그곳에 간 이유는 분명했다. 여행은 남들이 가는 곳을 가는 것이 아니다. 자신이 가보고 싶은 곳에 가야 한다. 자신이 좋아하고, 의미 있다고 생각하는 곳에 가야 자신만의 색다른 기분을 느낄 수 있기 때문이다.

내가 리미니에 방문한 것은 루비콘강에 가기 위해서였다. 루비콘강은 예나 지금이나 유명 관광지는 아니다. 그런데도 굳이 내가 그곳에 간 이유는 역사적인 일이 벌어졌던 의미 있는 장소라고 생각했기 때문이다.

가끔 신문 기사를 보면, "루비콘강을 건너다."라는 표현을 볼 수 있다. 그 말은 "돌이킬 수 없는 상황에 처하다."라는 뜻으로 쓰인다. 지금은 누군가 이탈리아에 있는 루비콘강을 건너도 돌이킬 수 없는 상황에 처하진 않는다. 그렇다면, "루비콘강을 건너다."라는 말의 유래는 무엇일까?

루비콘강은 고대 로마의 본국과 속주를 구분하는 경계선이었다. 당시 속주에서 근무를 마치고 로마로 돌아오는 장군은 루비콘강을 건너기 전에 무장을 해제해야만 했다. 기원전 44년의 율리우스 카이사르 역시 그렇게 해야 했지만, 상황이 복잡했다.

로마 원로원 의원들은 갈리아 지역을 성공적으로 다스려서 엄청난 대중적 인기를 얻은 카이사르를 두려워했다. 의원들은 카이사르가 그동안 시행한 여러 정책을 보았기에, 그에게 권력이 집중되는 걸 막아야 했다. 이는 그들의 입장에서 보자면 당연했다. 카이사르가 정치에 발을 내딛은 이후, 그가 시행한 정책 대부분은 친시민적이었기에 대중은 그의 편이었다. 그렇기 때문에 원로원 의원들은 원로원 최종 권고^{계엄령}를 발효했다. 율리우스 카이사르는 원로인 의원들에 의해서 반역자가 된 것이다.

율리우스 카이사르는 루비콘강을 앞에 두고 잠시 길을 멈추었다. 한 번 결심한 일은 절대 포기하지 않는 카이사르였다. 그는 군대와 함께 건널지 아니면 군대를 해체하고 혼자서 건널지 고민했다. 군대와 함께 건너면 자신과 같은 민족인 로마인들과의 전투를 피할 수 없었다. 루비콘강을 건너면 더 이상 돌이킬 수 없는 상황이 되는 것이다.

시오노 나나미의 『로마인 이야기』에는 루비콘강 앞에서 카이사르가 병사들 앞에서 했던 이야기가 나와 있다.

"이미 엎질러진 물이다. 이 강을 건너면 인간 세계가 비참해지고, 건너지 않으면 내가 파멸한다. 나아가자! 신들이 기다리는 곳으로! 우리의 명예를 더럽힌 적들이 있는 곳으로! 주사위는 던져졌다!"

직접 찾아가 본 루비콘강

'카이사르가 "주사위는 던져졌다."는 멋진 말을 남겼다는 루비콘강은 어떻게 생겼을까?', '유명한 사람이 그런 말을 하고 강을 건넜다면, 멋지게 생기지 않았을까?' 누구나 이 같은 기대를 가질 수 있다고 생각한다.

미국 드라마 〈로마ROME〉를 본 적이 있다. 그 드라마에도 카이사르가 루비콘강을 건너는 장면이 나왔다. 드라마에서는 카이사르가 탄 말이 발목만 적실 정도의 개울을 건너는 모습이 나온다. 무엇인가 장엄하고 멋진 장면을 기대했던 사람들에게는 실망을 안겨줄 수 있다.

그러나 드라마는 카이사르가 건넌 루비콘강을 잘 묘사했다. 실제로 루비콘강은 강폭이 좁고 깊이가 얕았다. 시냇물이라고 해도 틀리지 않을 정도다.

루비콘강을 찾아갔을 때 "via rubicone"이라고 쓴 표지판을 보고 무척 기뻐했다. 우리나라 말로 '루비콘로路'라는 뜻이었다. 그 길 주변에 있는 집들의 주소는 "루비콘로 1번지", "루비콘로 2번지"로 되어있었다. 표지판은 내가 오기 원했던 장소로 잘 찾아왔음을 알려주는 표시였다. 나는 루비콘로를 따라 루비콘강 옆을 산책하기 시작했다.

카이사르가 건넜다는 루비콘강의 상류로 올라갈수록 강폭은 급격하게 좁아졌다. 나는 어느새 굳이 점프를 하지 않아도 루비콘강을 건널 수 있는 위치에 도착했다. 그 어떤 누구라도 강이라고 생각하기는 무리인 모

표지판은 내가 오기 원했던 장소로 잘 찾아왔음을 알려주는 표시였다.
카이사르가 건넜다는 루비콘강의 상류로 올라갈수록
강폭은 급격하게 좁아졌다.

습이 눈에 보였다. 그제야 나는 다시 발걸음을 돌릴 수 있었다.

역사적인 장소임에도 그곳은 개미 한 마리 보이지 않을 정도로 한적했다. 나와 같은 여행객이 한 명 정도는 있을 줄 알았는데, 반나절이 지나는 동안 인근에 사는 주민들과 세 번 정도 마주친 게 전부였다.

돌아오는 길에 이런저런 생각을 했다. '역사적으로 의미 있는 이야기가 얽힌 곳인데, 어째서 사람들이 루비콘강을 찾아오지 않는 것일까.', '이탈리아 사람들에게 율리우스 카이사르라는 인물은 어떤 의미가 있을까?', '루비콘강이 가지고 있는 의미를 이 사람들은 알고 있을까?' 등등.

우리는 살면서 여러 가지 선택을 한다. 선택한다는 것은 다른 어떤 것을 포기한다는 것과 같은 말이기도 하다. 예를 들어, 1만 원을 가지고 맛있는 통닭을 먹거나 재미있는 영화를 볼 수 있다고 해보자. 그러면 통닭을 먹기 위해 1만 원을 쓴다는 것은 결국 재미있는 영화를 포기하는 것과 같은 의미이다.

율리우스 카이사르 역시 루비콘강을 바라보며 '선택'을 했다. 자신의 병사들과 함께 루비콘강을 건너기로. 평생 자신을 향한 의심이 없이 자신감 가득한 삶을 살아온 그 역시도 루비콘강 앞에서는 고민했다. 어떤 선택을 하든지 그 결정은 되돌릴 수 없음을 알고 있었다.

되돌릴 수 없는 선택은 위험해보일 수도 있다. 하지만, 삶의 매 순간마다 우리는 선택해야 한다. 그 선택이 어떤 결과를 초래할지는 아무도 알 수 없다. 중요한 것은 그 선택에 충실한 행동을 하는 것이다. 통닭을 먹기로 결정했다면 맛있는 통닭집을 찾아가면 된다. 영화를 보겠다는 결정했다면 상영 중인 영화는 무엇이 있는지 검색해보면 된다.

루비콘강을 건넌 뒤에 카이사르의 행보는 거침없었다. 뒤돌아보지 않았다. 뒤돌아보지 않았다고 해서 그가 가는 길에 좋은 일만 가득한 것은 아니다. 내전을 막기 위해서 당시의 또 다른 실력자였던 폼페이우스와 협상을 시도했지만 실패했다. 믿고 의지했던 부하를 잃기도 했다. 하지만 어렵게 내린 결정이었기에 여러 아픔도 이겨낼 수 있지 않았을까. 중요한 결정 후에 이를 실행으로 옮기는 과정에서 시련도 겪었지만, 그는 흔들리지 않았다. 우리는 남다른 추진력을 가지고 있었던 카이사르를 한 번쯤 생각해볼 필요가 있다고 생각한다.

루비콘강에 다녀온 후에 나는 리미니 시내로 갔다. 리미니는 기원전 260년쯤에 세워진 오래된 도시였다. 제2차 세계대전 당시의 폭격으로 고대 유적지가 많이 파괴되었다는 사실이 아쉬웠다. 기원후 21년도에 지어진 티베리우스 다리 위로 차들이 오가고 있었다. 그 다리를 건너서 도시 중심에 있는 광장에 도착하자 슬며시 내 입꼬리가 올라갔다. "찰칵! 찰칵!" 나는 카메라 셔터를 눌렀다. 그곳에는 율리우스 카이사르의 동상이 서있었다.

삶의 매 순간마다 우리는 선택해야 한다.
그 선택이 어떤 결과를 초래할지는 아무도 알 수 없다.
중요한 것은 그 선택에 충실한 행동을 하는 것이다.

모든 길은 로마로 통한다, 영원함에 대하여

로마는 호수와 같다.
로마 이전의 모든 역사는 로마로 흘러 들어갔고,
로마 이후의 모든 역사는 로마로부터 흘러나왔다.

– 랑케, 독일의 역사가

가도의 여왕 "아피아 가도"를 가다

로마의 화려했던 과거를 짐작할 수 있는 속담을 듣기는 어렵지 않다. 그중 다음 세 가지 속담이 유명하다. "로마에 가면 로마법을 따르라.", "로마는 하루아침에 이루어지지 않았다.", "모든 길은 로마로 통한다.".

이중에 "모든 길은 로마로 통한다."는 로마가 제국을 확장하면서 건설했던 가도와 밀접한 관련이 있다. 로마인이 건설했던 도로는 도시, 군단 기지, 군사적 요충지 등을 거미줄처럼 연결했다. 하나의 거대한 네트워크였다. 그리고 그 네트워크의 중심에 로마가 있었다. 로마 가도는 로마로 가기 위한 길이기도 했다.

시오노 나나미는 『로마인 이야기』에서 로마의 사회 간접 자본에 대해 언급하기도 했다. 도로, 수도, 항만, 신전, 광장과 같은 여러 가지 요소 중에서도 그녀는 '도로'에 많은 지면을 할애했다. 그녀에 따르면 로마인은 도로와 같은 사회 간접 자본을 "사람다운 생활을 위해 필요한 것"으로 생각했다고 했다.

우리는 직선 도로, 콸콸 잘 나오는 물, 편리한 우편 제도 등을 당연히 있어야 하는 기본적인 것으로 생각한다. 하지만, 인류 역사에서 이것들이 실현되기까지는 오랜 시간이 걸렸다. 고대 로마가 멸망한 이후부터 보자면 말이다.

로마 제국이 오랫동안 지속될 수 있었던 것은 "사람다운 생활을 위해

로마인이 건설했던 도로는
도시, 군단기지, 군사적 요충지 등을 거미줄처럼 연결했다.
하나의 거대한 네트워크였다.
그리고 그 네트워크의 중심에 로마가 있었다.
로마 가도는 로마로 가기 위한 길이기도 했다.

필요한 것"이 잘 갖춰져 있었기 때문이다. 이를 통해 사람들이 문명의 혜택을 누리며 이전보다 더 나은 생활을 할 수 있었다. 로마인은 도로를 로마와 이탈리아에만 건설하지 않았다. 그들의 지배 안에 들어온 곳이라면 어디든 도로를 건설했다.

잘 뚫린 도로가 우리에게 주는 혜택은 사실 엄청나다. 20km가 되는 거리를 차로 10분 내로 갈 수도 있다. 하지만 도로가 없고, 구불구불한 길을 돌아서 간다고 상상해보자. 우리는 서너 시간이 지나도 길을 헤매고 있을 지도 모른다. 편하게 인터넷으로 책을 주문하여 택배로 받아보는 것도 마찬가지다. 당연한 것으로 여길 수도 있겠지만, 과거에는 그렇지 않았음을 잊어서는 안 된다.

1만 원짜리 지폐의 주인공이자 우리 민족 최고의 성군인 세종대왕에 대해서도 이야기해보자. 『세종대왕실록』을 보면 1435년인 세종 17년에 수레 보급에 대해 논의했다는 기록이 있다. 이 논의에는 여러 대신들의 많은 반대가 있었다. 황희 정승도 험한 지형과 많은 유지 비용을 이유로 들면서 반대했었다. 하지만, 무거운 물건을 실어서 나르는 데에는 수레만 한 것이 없다는 이유를 들며 세종대왕은 수레 보급을 추진했다.

하지만 수레는 널리 사용되지 못했다. 우리나라는 산악 지형이 많아서 길이 험했다. 수레라는 신기술을 받아들일 환경이 아니었다. 결국 세종대왕 이후, 수레는 모습을 감추게 되었다. 여기서 잠깐, 만약 그때 조선에 수레가 오갈 수 있는 도로가 있었다면 어떻게 되었을지 생각해본다.

로마 시대에 만들어진 여러 도로 중에 가장 유명한 것으로 '아피아 가도'를 들 수 있다. 아피아 가도는 기원전 312년에 아피우스 클라우디우스 카이쿠스에 의해서 건설이 시작되었다. 가도에는 그의 이름을 딴 '아피아 가도'라는 이름이 붙여졌다.

처음엔 로마와 카푸아 사이에 건설됐는데, 시간이 지날수록 그 길이가 길어졌다. 아피아 가도는 이탈리아 동남쪽에 있는 브린디시까지 이어졌다. 그 길이는 563km로 지금의 서울과 부산 사이의 거리보다 긴 거리다.

브린디시는 당시 아주 유명한 항구 도시로 이탈리아에서 그리스로 가는 배를 탈 수 있는 도시였다. 율리우스 카이사르가 루비콘강을 건넜을 당시, 로마에 있던 폼페이우스도 아피아 가도를 이용했다. 그 길을 통해 브린디시를 거쳐서 그리스로 건너간 뒤에 내전을 준비했다.

나 역시 아피아 가도에 가봤다. "Via Appia Antica"라고 쓴 표지판이 나를 반기고 있었다. 과거에도 수많은 사람들이 걸었던 역사적 길이라고 생각하니 가슴이 들떴다. 율리우스 카이사르도, 아우구스투스도, 키케로도 그 길을 걸었다. 그 길 어딘가 그들이 남긴 흔적이 없나 두리번거리기도 했었다. 그 길 위에는 나와 같은 여행자 외에도 운동 중인 시민도 있었고, 차를 타고 지나가는 운전자도 있었다. 2,200년이 넘도록 아피아 가도는 그 위치를 지키고 있었다. "가도의 여왕"이라는 별명을 가지고 있

2,200년이 넘도록 아피아 가도는 그 위치를 지키고 있었다.
"가도의 여왕"이라는 별명을 가지고 있는 가도의 일부는
여전히 기능을 잃지 않고 사람들이 오가는 통로 역할을 하고 있었다.
경외감이 느껴졌다.

는 가도의 일부는 여전히 기능을 잃지 않고 사람들이 오가는 통로 역할을 하고 있었다. 경외감이 느껴졌다.

유지와 보수가 중요하다

하지만 똑같은 목적을 가지고 만든 도로라고 해도 이를 사용하는 사람이 누구냐에 따라 도로의 모습은 달라질 수 있다. 이런 생각을 하게 된 건, 2년 전에 갔던 멕시코 출장 때였다.

출퇴근할 때마다 차들이 멈춰 서서 느릿느릿 기어가는 구간이 있었다. 어느 토요일 오후에 멕시코 현지 동료가 본인의 차로 나를 숙소까지 바래다줬다. 그 지점에는 길이 이곳저곳 파여 있었다. 그중에는 바퀴가 빠지면 나오기 힘들 정도로 도로 사정이 좋지 않았다. 피곤함에 지쳐 차 안에서 잠들었을 때는 몰랐던 일이었다.

"이렇게 도로 사정이 좋지 않은데, 정부에 불만을 제기하면 해결해주지 않나요?" 라고 이야기하면서 우리나라는 국가에서 해결해준다고 하자 현지 동료는 "한국은 좋은 나라"라고 대답해주었다.

로마인의 가도가 특별한 이유가 있다면, 단지 도로를 건설했다는 사실 때문만은 아니라고 생각한다. 건설한 가도를 유지하고 보수하는 데 많은 힘을 기울였다는 데에 특별함이 있다. 도로는 자본과 인력을 투입하면 단기간에라도 만들어낼 수 있다. 하지만, 도로가 지속적으로 그 자체의 기능을 잃지 않기 위해서는 끊임없는 유지와 보수가 필요하다. 자주 모니터링하면서 이상이 없는지 점검하고, 특이한 점이 발견되면 고쳐야 하는 것이다. 이는 쉬운 일처럼 보이지만 어려운 일이다.

유지하고 보수하는 일은 사실 잘 드러나지 않는 일이다. 잘 하고 있으면 아무 문제도 발생하지 않는다. 그래서 사람들은 당연하게 받아들인다. 도로를 만든 사람은 창조자로서 그의 이름을 남길 수 있지만, 이를 지속적으로 유지하고 보수하기 위해 노력한 사람들은 어느 곳에 그 이름을 남길 수 있었을까. 천재가 아무리 훌륭한 유산을 만들었다 하더라도 그것을 유지하고 보수해주는 사람이 없다면, 그것은 역사 속 유물로 사라지게 된다.

로마인이 남긴 '가도'에서 우리는 교훈 하나를 얻어야 한다고 생각한다. 어떤 일을 창조하는 것만큼 그것을 유지시키는 능력도 중요한 것이라는 교훈을. 지금처럼 변화가 빠른 시대에는 때때로 그런 능력이 경시될 수도 있다. 하지만, 유지되지 않는 것에는 바로 쇠퇴가 찾아올 수 있다. 당연히 발전도 기대할 수 없다. 지금처럼 변화가 빠른 시대일수록, 급격한 변화에 휩쓸리기보다는 자신의 주관을 지키며 핵심적인 가치를 유지할 수 있어야 한다고 본다.

이 세상에 영원한 것은 없다. 하지만 오래도록 지속되는 것들은 있다. 오늘날까지 오래오래 지속될 수 있는 힘을 로마인이 남긴 '가도'에서 찾아 볼 수 있다. 유지와 보수가 갖는 힘을 잊지 말았으면 한다.

교양인을 위한 로마인 이야기

제도 : 로마는 하루아침에 이뤄지지 않았다

08_ 어떻게 로마 군단은 최강이 되었나?

09_ 모방 : 사방 최고의 기술을 베끼다

10_ 개방성 : 실력있는 자를 인정하다

11_ 개혁 : 필요에 따라 자유자재로 변하다

12_ 계층 : 비천한 출신도 황제가 되다

13_ 변화 : 끊임없는 변화가 성공을 만든다

14_ 극복 : 로마는 실패로부터 배웠다

15_ 조직 : 로마, 위대한 조직의 힘

어떻게 로마 군단은 최강이 되었나?

영국의 역사는
카이사르의 브리타니아 침공에서부터 시작되었다.

– 윈스턴 처칠, 영국의 정치가

아무나 로마군이 될 수 있는 것은 아니었다

로마가 영토를 넓게 확장할 수 있었던 건 강력한 군사력 덕분이었다. 로마군은 전투가 펼쳐지면 절대 물러나지 않는 것으로 유명했다. 체력까지 좋아서 싸움이 길어지더라도 상대에 비해서 오랫동안 전투력을 유지했다. 특히 로마군의 주력인 중무장 보병은 지중해 지역에서 가장 전투력이 뛰어났다고 전해진다.

로마군은 지중해 지역의 다른 국가들과 전투를 벌이며 전투력을 쌓았고, 공화정 시기에 일어난 포에니 전쟁 이후에는 무적의 군단이 되었다. 병사 한 명 한 명을 전쟁 병기라고 해도 좋을 만큼 그들은 강력했다. 무엇이 그들을 그토록 강하게 만들어준 것일까.

"저기 보이는 저 별이 몇 개로 보이는가?"

이 질문은 로마군에 입대하기 전에 거치는 신체검사에서 받는 질문이다. 이 질문에 대답을 잘 해야 로마 군단 병사로서 복무할 수 있었다. 위에서 이야기하고 있는 "저 별"은 북두칠성을 이루는 별 중 하나다. 대부분의 사람들이 국자 모양으로 알고 있는 그 북두칠성이다. 북두칠성의 국자 손잡이를 이루는 별 중, 끝에서 2번째 별인 '미자르-알콜'이라는 이름의 별이 있다. 이 별은 자세히 보지 않으면 1개의 별로 보인다. 하지만, 자세히 보면 '미자르'라는 별과 '알콜'이라는 별이 함께 자리한다. 로마 군단 입대를 위한 시력 검사에서 '미자르-알콜'이 시험용으로 쓰인 것이다.

이처럼 로마군은 아무나 들어갈 수 있는 곳이 아니었다. 신체검사 통과는 기본이고, 자신이 직접 무기를 구매해서 가야 했다. 요즘 군대에 입대하는 친구들에게 "군대 앞에 있는 편의점에서 네가 쓸 총인 M16을 사서 가야한다."는 농담을 하고는 하는데, 로마군에 입대할 때는 진짜 자신의 무장을 직접 마련해야 했다. 단순히 칼 한 자루만 가져가는 것도 아니었다. 전투할 때 착용하는 모든 것을 직접 구매해야 했다. 결국 돈이 있어야 중무장 보병도 될 수 있었다. 우리 사회에서 생각해보면, 중산층 정도는 되어야 로마의 중무장 보병이 될 수 있었던 것이다.

로마군에 중무장 보병으로 입대했다고 하더라도 체력이 없다면 버텨내지 못 했다. 로마군의 행군 속도는 평상시 25km를 5시간에 주파하도록 되어 있다. 그냥 걸어도 힘들 수 있는 시간과 거리인데, 로마군은 여기에 40kg의 군장을 짊어지고 걸었다고 한다. 상상만 해도 끔찍하다. 또한 실제로 로마군의 평균 신장은 163cm 정도로 갈리아인이나 게르만인에 비해서 10~20cm 정도 작았다. 하지만, 강한 체력이 있었기에 덩치가 큰 상대와의 전투에서도 이길 수 있었고, 이 체력을 밑바탕으로 두고 있었기에 다른 나라, 다른 민족들과의 전쟁을 최종 승리로 이끌 수 있었다.

군기와 군율

로마군의 또 다른 성공 비결은 엄격한 군기와 군율이었다. 로마인들은 항상 자신이 전투에서 이길 수도, 질 수도 있다는 것을 알았다. 그래서

군율의 엄격함은 귀족이라고 하여도 피할 수 없었다.
전쟁터에서 잘못했다면 처벌받아야 했다.
군의 기강을 바로 잡기 위해서는 어쩔 수 없었다.
기강이 무너진 군대는 힘이 없기 때문이다.

교양인을 위한 로마인 이야기

패배하는 것을 부끄럽게 생각하지 않았다. 그들은 자신들이 전투에서 최선을 다하지 못 했다고 생각하는 때에 부끄러움을 느꼈다. 그래서 로마군에는 뒤꽁무니 빼고 도망가는 병사가 없었다.

그리고 사령관의 명령에는 절대 복종해야 했다. 복종하지 않았을 때에 받는 형벌은 참혹했다. 명령 불복종 시 내리는 형벌 중에 "10분의 1처형"이라는 형벌이 있다. 전체 인원이 10명이라면 10명 중 1명을 희생자로 선발하는 형벌인데, 희생자가 된 사람은 채찍질을 당하고 난 뒤에 참수당하게 된다. 심지어 희생자를 채찍질할 사람은 희생자와 같이 식사를 하고, 함께 전투에 나서고 보초를 서면서 밤을 지새웠던 동료들이 돌아가면서 해야만 했다. 생각만 해도 끔찍하다.

군율의 엄격함은 귀족이라고 하여도 피할 수 없었다. 전쟁터에서 잘못했다면 처벌받아야 했다. 자신의 아들을 죽게 놔둔 어느 집정관의 이야기도 전해져 내려온다. 이런 이야기는 삼국지에서 제갈량이 남긴 고사인 "읍참마속泣斬馬謖" 이야기를 떠오르게 한다. 마속은 제갈량 본인의 친구이자 참모인 마량의 아우로, 재능이 있지만 전투 중에 명령을 어겨서 촉나라를 결국 패배하게 만들었다. 이에 제갈량은 마속을 참수하며 울었다는 이야기다. 집정관의 아들과 마속, 둘 모두 훌륭한 인재였을 것이다. 하지만, 군의 기강을 바로 잡기 위해서는 어쩔 수 없었다. 기강이 무너진 군대는 힘이 없기 때문이다.

이런 엄격한 군율은 로마군이 전쟁을 치를 때, 지휘관 아래에서 단결할 힘을 집중시켜주었다. 흐트러질 수 있는 군의 기강을 바로 세우고, 승리라는 목표를 위해 노력하는 로마군은 강하지 않을 수 없었다.

모든 일을 매뉴얼로 만든다

나는 로마군이 강할 수 있었던 마지막 이유를 무엇이든 시스템화 하는 그들의 성향에서 본다. 공화정 당시의 로마군은 매년 1번씩 집정관부터 군단장, 백인대장百人隊長, 시민병이 바뀌게 되어 있었다. 이는 주업이 농업인 시민 계층이 오랫동안 자리를 비울 경우 그들의 생활 유지가 힘들기 때문에 불가피한 선택이었다.

이런 약점을 보완하기 위해서 그들은 로마군의 모든 것을 매뉴얼로 작성했다. 즉, 교본을 만든 것이다. 그들이 만든 교본은 철저했다. 군단 편성부터 전투 대형, 보초 서는 방법, 행군 속도, 숙영지 건설법 등, 자세한 사항까지 매뉴얼 내용으로 기록되었다. 이 매뉴얼이 있었기에 로마군은 매년 군단의 구성원이 바뀜에도 불구하고 강력함을 유지할 수 있었다.

포에니 전쟁 당시에 로마의 젊은 장군이었던 스키피오는 한니발과의 전투에 수차례 참가하여 한니발이 펼치는 전술에 대해 배웠다. 그리고 병사들을 유기적이고 효과적으로 지휘함으로써 승리할 수 있다는 것을 알게 되었다. 스키피오는 지휘관의 지시에 맞춰 병사들이 유기적으로 움직일 수 있도록 훈련시켰다. 훈련된 로마군은 전투 상황에 따라 지휘관의 의도에 맞춰 전술적인 움직임을 구사했고, 이는 로마군이 전투를 할 때 큰 장점이 되었다. 그 장점은 스키피오가 은퇴한 후에도 이어졌다. 로마의 다른 장군들 또한 그의 체계화된 훈련법을 사용했다. 로마군은 스키피오를 통해 전쟁에서 승리할 수 있는 매뉴얼을 만들었던 것이다.

개인의 경험과 지혜가 매뉴얼로 만들어져 조직에 적용된다면 정말 강한 시스템을 만들 수 있을 것이다. 직장 생활을 시작할 때를 떠올려보라. 처음 어떤 직무를 맡게 되었을 때의 막막함은 누구나 한번쯤 느껴 봤을 것이다. 대부분 이런 경우에는 선배들이 알려주거나 직접 공부하고 시행착오를 거쳐 일을 처리하는 경우가 많다. 하지만, 아무리 처음 하는 일이라고 하더라도 매뉴얼이 있다면 어렵지 않게, 보다 빠르게 일을 성취할 수 있다. 조직 내에 한 개인이 가지고 있는 지혜와 방법을 매뉴얼로 만드는 것은 의미 있는 일이라고 생각한다.

로마는 세계를 3번 통합했다고 한다. 한 번은 군대로, 다른 한 번은 법으로, 마지막은 종교로. 유럽과 아시아, 아프리카까지 걸쳐 있는 지중해 지역을 통합할 수 있었던 이유는 그 어느 나라보다 강력한 군대의 힘 덕분이었다. 군대의 힘으로 지중해 지역에 사는 여러 민족 사이의 다툼을 제거하고 평화로운 세상을 만들었다. 평화가 온 지중해 지역에 로마식 가도를 건설하고, 가도를 통해 문물이 자유롭게 오갔다. 그 가운데에 로마인들이 가진 법의 정신도 심어지고, 기독교도 널리 퍼졌다. 강력한 로마 군단이 없었다면 이뤄지지 않았을지도 모른다.

이처럼 로마군이라는 강한 군대는 그들의 발전에 큰 도움이 되었다. 그들의 군대가 왜 강했는지 생각해보고, 성공 비결이 무엇이었는지 되돌아보자. 이를 우리 삶과 사회에 적용시키면 큰 도움이 될 수 있으리라고 생각한다.

로마에도 피라미드가 있다

사람들이 이집트의 대표적인 건축물로 기억하는 것은 바로 피라미드이다. 그런데 로마에도 피라미드가 있다. 로마에서 지하철을 타고 다니다보면 "피라미데역"이 있는데, 이 역에서 내려 밖으로 나가면 길 건너에 있는 피라미드가 보인다. 우리가 상상하는 이집트 피라미드와는 비교도 할 수 없이 작다.

피라미드의 주인은 세스티우스라는 사람인데, 유명한 사람은 아니다. 그럼에도 불구하고 기원전 18년에 세워진 건물이 원형 그대로 보존되어 있다는 사실에는 놀라지 않을 수 없다.

모방 : 사방 최고의 기술을 베끼다

적에게서조차 배울 수 있다.

– 오비디우스, 고대 로마의 시인

제대로 된 군선조차 없었던 로마의 해전海戰

우리는 살면서 여러 가지를 배운다. 우리가 배울 수 있는 이유는 훌륭한 스승들이 있기 때문이다. 훌륭한 스승들이 있기에 우리는 배우고 성장할 수 있다. 로마도 주변 여러 국가와의 교류를 통해서 성장했다. 로마인도 마찬가지였다. 초기 로마는 단지 작은 도시 국가에 불과했다. 주변에는 강대국이 많았다. 이탈리아반도 북쪽에 에트루리아 민족이 있었고, 남쪽에는 그리스에서 건너온 사람들이 건설한 도시 국가가 있었다.

로마는 학생으로 치면 체격이 왜소한 학생이었다고 할 수 있다. 점차 주변 지역을 제패하긴 했으나, 에트루리아 민족이나 그리스 민족에 비할 바는 아니었다. 게다가 이탈리아 중부 지역에는 용맹스러운 삼니움족도 있었다. 하지만, 로마는 덩치가 작았음에도 강한 깡다구를 갖고 있었다. 강한 깡다구 하나로 다른 민족과의 전투에서 많은 승리를 거둘 수 있었다. 계속 승리를 거두면서 덩치를 키워 나가기까지 했다. 이탈리아반도 내에서 그들의 영토는 점점 넓어졌다. 중무장 보병을 주축으로 구성된 로마군은 다른 부족의 군대보다 질적으로 우수했다.

로마의 영토 확장에 있어 군사력은 정말 중요한 요소였다. 그럼에도 그들이 군사력만 믿고 다른 것을 소홀하게 했다면, 로마의 영토는 쉽게 확장되지 못했을 것이다. 그들은 배워서 익히는 데 능한 민족이었다. 상대방의 장점을 자신의 것으로 익혔다. 그리고 상대방을 정복했다. 배움을 통한 성장은 로마를 이해하는 데 있어 중요한 요소이다.

현재 군산대학교 교수인 정기문 교수는 그의 저서 『로마는 어떻게 강대국이 되었는가?』를 통해 제1차 포에니 전쟁 당시 로마 시민인 카이소가 했던 말을 우리에게 전해준다.

"카르타고 인들이여, 우리는 또한 성벽 포위술에도 익숙하지 못했소. 그러나 우리는 그 분야에 뛰어난 기술을 가지고 있던 그리스 인들에게 성벽 포위술을 배웠소. 이제 우리는 성벽 포위술에서 그리스 인들은 물론 세계의 어떤 종족보다 앞서 있소. 우리 로마인들을 해전으로 몰아넣지 마시오. 만약 로마가 해군이 필요하다면, 우리 로마는 짧은 시간 안에 당신들보다 더 뛰어난 장비들과 군함들을 갖출 것이고, 오랫동안 바다 항해에 익숙해 있던 사람들보다 더 훌륭하게 해전을 해낼 것이요."

카르타고 사절에게 로마 시민인 카이소가 한 말이다. 그리스인에게 성벽 포위술을 배웠지만, 지금은 자신들의 성벽 포위술이 최고라고 이야기한다. 그리고 덧붙인다. 로마는 해전에 아직 익숙하지 못하지만, 카르타고보다 해전을 더 잘 할 수 있다고. 엄청난 자신감이다.

사실 그 당시 로마는 제대로 된 군선 1척조차 보유하고 있지 않았다. 그러다가 우연히 얻게 된 카르타고 군선을 완전히 분해한 후 재조립했다. 그 과정을 겪고 나자, 카르타고와 똑같은 군선을 만들 수 있었다. 로마가 카르타고의 군선을 똑같이 베낀 것이다. 사람들은 베끼는 일에 대해 부정적인 시각을 갖고 있다. 하지만, 평범한 사람들이 제일 처음 할 수 있는 일은 바로 베끼는 일이다. 로마는 해전이 처음이었다. 당시 지중해에서 최고의 해군력을 가지고 있던 카르타고의 군선을 분해한 뒤에 재조립하고, 똑같이 만드는 일은 그들에게 큰 공부였다.

로마가 카르타고의 군선을 베끼는 것에 그쳤다면, 제1차 포에니 전쟁을 승리로 이끌지 못했을 것이다. 그들은 항구를 가진 여러 동맹 도시에서 항해술을 배우고 익혔다. 그리고 해상에서 카르타고와 효과적으로 전투를 치를 수 있는 무기인 '까마귀'를 개발했다. 평소에 까마귀는 돛대에 고정되어 있다. 그러다가 적선을 발견한 로마 군선이 적선에 접근한 뒤엔 까마귀와 돛대를 연결한 줄을 끊는다. 그러면 까마귀는 상대 적선 위로 떨어져서 고정된다. 이때 로마 병사들이 까마귀 위를 뛰어서 적선인 카르타고의 배 위로 올라간다. 해상전을 육상전으로 바꾸는 셈이다. 신무기를 바탕으로 로마는 카르타고와의 제1차 포에니 전쟁을 이길 수 있었다. 로마 시민 카이소의 말은 그대로 이루어진 것이다.

로마는 카르타고와의 해전을 준비할 때, 카르타고의 군선을 베끼는 것부터 시작했다. 그리고 로마인은 바다 위에서 카르타고를 무찔렀다. 우리는 로마인이 그들의 장점을 살릴 수 있는 무기인 '까마귀'를 만들었다는 사실에 주목할 필요가 있다. 베끼면서 만들기 시작한 그들의 군선에는 로마 보병의 전투력을 활용할 수 있는 무기가 장착되었다. 로마인은 베끼는 것에 그치지 않고, 더 나아가 자신의 것으로 소화한 것이다. 이를 통해 카르타고의 군선에는 없는 까마귀를 장착하여 로마인의 군선으로

모방은 창조의 어머니다.
창조는 베끼는 것에서 시작한다.
이 세상에 완전히 새로운 것은 없다.
처음 시작하는 사람일수록 성공한 사람에게서 배워야 한다.

개발하여 그들만의 장점으로 만들었다.

베끼는 것에서 시작하더라도 배우고 익혀서 나만의 것으로 재창조하는 것. 그것이 창조의 핵심이라고 생각한다. "무에서 유를 만든다."는 말이 있다. 그 말도 본질적으로는 틀렸다. 무에서 유를 만드는 것은 불가능한 일이다. 오직 신만이 가능한 일이다. 성경에 나오는 신마저도 오랜 기간에 걸쳐 단계적으로 세계를 만들었다고 한다.

세계적으로 유명한 문학 작품들도 완전히 아무것도 없는 상태에서 어느 날 갑자기 쑥하고 나타난 것이 아니다. 셰익스피어가 지은 유명한 희곡도 마찬가지다. 수많은 고뇌 속에서 어느 날 떠오른 영감을 바탕으로 글을 썼다고 해보자. 하지만 그들의 영감도 뿌리를 타고 들어가 보면 과거에 어떤 이가 썼던 문구에서 온 것일 가능성도 있다. 셰익스피어가 쓴 『줄리어스 시저』도 고대 로마 시대 그리스인인 플루타르코스의 『영웅전』이 없었다면 탄생하기 힘들었을 거라고 생각한다.

모방은 창조의 어머니다. 창조는 베끼는 것에서 시작한다. 이 세상에 완전히 새로운 것은 없다. 처음 시작하는 사람일수록 성공한 사람에게서 배워야 한다. 성공한 사람이 적이라고 하더라도 배워야 한다. 로마인처럼 말이다.

기업들이 경쟁력 제고를 위해서 다른 기업의 성공 사례를 공부하여 자신의 회사에 적용하는 경영 기법을 '벤치마킹'이라고 한다. 처음에는 기업 경영에만 적용되었지만, 이제는 우리 사회 곳곳에서 '벤치마킹'을 활용한다. 굳이 우주 망원경이나 현미경을 들고 찾아보지 않아도 우리는 벤치마킹한 좋은 사례들을 쉽게 접할 수 있다. 중요한 것은 이를 공부하고 익혀서 자신의 것으로 만드는 과정이다. 벤치마킹에 그치지 않고 우리만의 장점으로 만든다면 어찌 좋지 않을 수 있을까. 우리는 우리만의 장점으로 만드는 과정 중에 창의성을 발휘하게 될 것이다. 로마인의 '까마귀'처럼 말이다.

우리 사회도 이러한데 개인 역시도 베끼기로 시작하는 걸 부끄러워할 필요 없다. 처음 시작하는 사람일수록 뛰어난 사람의 작품을 복사해볼 필요가 있다. 성공한 사람들의 작품을 베끼다보면 그들의 성공 비결이 눈에 들어온다. 그리고 어느 순간 그들의 비법이 내 몸에 이식된다. 이후에는 나만의 관점을 적용하여 나의 경쟁력을 높일 수 있는 무기를 만든다. 우리가 성공하는 데 있어 이런 배움의 과정이 없다면 원하는 바에 이를 수 없을 것이다.

로마인은 베끼는 것으로 시작하여 세계를 정복했다. 에트루리아인에게는 '건축'을 베꼈다. 삼니움족에게는 '기병'을 베꼈다. 그리스인의 신화를 가져와서 이름만 로마식으로 바꾸고 내용을 똑같이 베끼기도 했다. 그리스 신화 중 최고의 신인 '제우스'가 로마에 오면서 '유피테르'로 바뀌었다. 로마인들이 그들의 신화를 베껴서 유럽에 이야기를 퍼뜨렸다. 당시에 그리스인은 나라를 잃었었지만, 오늘날에도 그리스의 문화와 철학이 유럽 사회에 많은 영향을 미칠 수 있는 이유 중 하나라고 생각한다.

앞에서 언급했듯이 베끼는 것은 부끄러운 일이 아니다. 당당하게 베끼고, 이를 내 것으로 익혀라. 거기에 자신의 철학을 입혀라. 그러면 우리의 창조물이 되고, 우리의 작품으로 이어진다. 그렇다. 모방에서부터 창조가 시작된다.

개방성 : 실력 있는 자를 인정하다

패자조차도 자기들에게 동화시키는 이 방식만큼
로마의 강대화에 이바지한 것은 없다.

– 플루타르코스

'뜻'이 같다면 우리와 함께 한다

20~30년 전만 하더라도 우리나라 길거리에서 외국인과 마주치는 일은 흔치 않았다. 이제 세상은 많이 바뀌었다. 외국인을 우리 생활 곳곳에서 만날 수 있다. 방금 전에 카페 앞을 지나쳐 올 때도 외국인을 볼 수 있었다. 뿐만 아니라 이제는 텔레비전 속에서도 쉽게 볼 수 있다. 우리나라도 세계화가 많이 진행되었다는 생각이 들었다. 그런데 문득 이런 생각이 들었다.

'외국인들이 대한민국에서 행복한 삶을 살고 있을까?'

내가 가끔 가는 곳 중에 '인생책방'이라는 곳이 있다. 그곳에 가면 영어·일본어·중국어 회화도 배울 수 있고, 여러 독서 프로그램에 참여할 수도 있다. 한 달에 한 번씩 한 권의 책을 정해 주제와 관련된 토론을 진행한다. 배우가 낭독해주는 오디오 독서 파일을 함께 듣고 서로 의견을 교환하기도 한다. 그리고 함께 모여서 읽는 '낭독회'와 책 한 권을 베끼는 '필사 모임'도 진행된다.

'인생책방'의 이유미 대표는 여러 프로그램을 진행하며 이미 바쁜 날을 보내고 있으면서도 더 큰 꿈을 갖고 있다. 지역 사회에 있는 여러 외국인과 한국인 청년들이 서로 잘 어울릴 수 있는 장을 마련해주는 것이 그 꿈이다. 그리고 우리 사회에 점점 늘어나고 있는 다문화 가정의 구성원들이 사회에서 자리 잡을 수 있도록 취업 알선을 해주는 것이다. 이유미 대표가 이런 꿈을 가지게 된 계기를 알려면 여기서 잠시 그녀의 과거를 들어봐야 한다.

이유미 대표는 아버지가 하시는 사업 때문에 고등학교 때에 키르기스스탄이라는 나라에 가서 살아야만 했다. 어리고 꿈 많던 시절, 그녀는 그곳에서 '외국인'으로서 사는 것에 대한 어려움을 알게 된다. 말도 통하지 않는 곳에서, 외국인이라는 이유만으로 많은 것을 참고 지냈다. 그리고 시간이 지나 돌아오게 된 한국에서, 힘들게 살아가고 있는 외국인들을 보며 지난날 그녀 자신의 모습을 떠올렸고, 도와줘야겠다는 생각을 갖게 되었다고 한다.

아마도 로마인들이 이유미 대표처럼 '도와줘야겠다.'고 생각하진 않았을 것이다. 하지만 그들은 외국인을 외국인이라는 이유로 배척하지는 않았다. 로마인은 자신과 다르더라도 자신과 뜻을 같이 한다면, 같은 동족으로 받아들였다.

고대 그리스의 유명한 철학자 아리스토텔레스의 예를 들어보자. 아리스토텔레스는 마케도니아 출신이었다. 17세에 아테네로 유학을 왔고, 20여 년 동안 플라톤의 아카데미아에서 토론과 강의 활동을 했다. 하지만 마케도니아 출신이라는 이유로 그를 보는 사람들의 시선은 좋지 않았다. 결국 그는 마케도니아로 떠나고, 알렉산더 대왕의 스승이 된다. 아테네인들은 누구의 '피'를 물려받았는지를 중요하게 생각했던 것이다.

반면에 로마인은 달랐다. 그들은 다른 민족을 배척하지 않고 동료로 맞이했다. 율리우스 카이사르가 종신 집정관에 올랐을 때 했던 일을 살펴보자. 그는 로마 사회를 개혁하기로 마음먹고 여러 가지 급진적인 정책들을 시행한다. 그가 실현에 옮긴 여러 정책 중에 그리스 출신의 여러 훌륭한 교사와 의사들에게 '시민권'을 부여하는 정책이 있다. 그리스 인들은 로마에서 외국인이었다. 하지만 카이사르의 정책 덕분에 그리스의 뛰어난 교사와 의사들은 여러 혜택을 받으며 로마에서 활동할 수 있게 되었다.

로마의 당시 인구는 대략 1백만 정도로 여러 민족으로 구성된 사람들이 함께 살고 있었다. 인구가 밀집된 도시에는 여러 문제가 생길 수밖에 없다. 의료와 교육 문제도 그중 하나였다. 율리우스 카이사르는 실력이 뛰어난 그리스인들을 로마 제국의 사회로 편입시켜 그 문제를 해결하려고 했다.

이런 사례들은 1,200년의 로마 역사를 돌아볼 때 너무나도 많다. 이는 하나의 전통과도 같았다. 단순히 외국인에게만 적용되는 사례들만 찾을 수 있는 것은 아니다. 과거에 그들과 치열하게 싸웠던 적도 그들과 뜻을 같이하고자 한다면 함께 할 수 있었다. 심지어 로마의 엘리트 구성원들이 함께 모여 국정 과제를 토론하는 원로원에도 들어갈 수 있었다.

기원후 1세기 클라우디우스 황제 시절에는 이런 일도 있었다. 당시 갈

로마는 이방인들을
로마 사회의 구성원으로 받아들이는 것을 주저하지 않았다.
여기에서 우리는 로마가 오랜 시간 동안
나라를 유지해올 수 있었던 이유를 알 수 있다.

리아 지방의 유력 부족 지도자들이 원로원 의석 자리를 요청했다. 약 100년 전에 카이사르가 제패했던 지방의 사람들이었다. 기존 의원들은 야만족 출신의 사람들이 원로원에 들어오는 것에 심리적 저항감이 강했다. 이때 클라우디우스 황제가 연설을 했었다. 딜로이트 컨설팅의 김경준 부회장은 그의 저서『위대한 기업, 로마에서 배운다』에서 당시 클라우디우스 황제가 했던 연설을 소개하고 있다.

"내 조상도 사비니족 출신이었다. 로마인은 다른 부족 출신을 시민으로 받아들이고 원로원 의석을 주어 귀족의 반열에 올려놓았다. 이탈리아 반도 전역에서 일찍이 로마에 패배한 과거와는 관계없이 우수한 인재들이 로마로 모여들어 원로원 의석을 차지해온 것이 우리의 역사다. 스파르타인도 아테네인도 전쟁터에서는 그토록 강했는데 짧은 번영밖에 누리지 못했다. 이는 과거의 적을 동화시키려 하지 않고 따돌리는 방식을 계속했기 때문이다. 하지만 우리 로마는 오랜 적도 일단 무찌른 뒤에는 로마시민으로 받아들였다."

클라우디우스 황제의 말처럼 로마는 이방인들을 로마 사회의 구성원으로 받아들이는 것을 주저하지 않았다. 그리고 이들의 경험과 능력을 잘 활용하고자 노력했다. 여기에서 우리는 로마가 오랜 시간 동안 나라를 유지해올 수 있었던 이유를 알 수 있다. 뜻을 같이하려는 자를 받아들이는 그들의 개방적인 자세가 바로 그 이유이다.

로마인은 단순히 개방하는 차원에서 그치지 않고 그들의 능력을 적극적으로 활용했다. 포에니 전쟁이 한창이던 기원전 263년 겨울에 치러진 집정관 선거에서는 이런 일도 있었다. 선출된 2명의 집정관 중 오타틸리우스라는 인물이 있었다. 그는 겨우 20년 전까지만 해도 로마와 치열한 전투를 펼친 '삼니움'족 출신이었다. 과거 로마의 적이었던 삼니움족 출신인 오타틸리우스가 로마를 이끌어 가는 지도자로 뽑혀서 활약하게 된 것이다. 이는 능력 있는 사람이라면 이방인이라 하더라도 마다하지 않았던 로마의 사례 중 하나다.

로마인의 개방성을 배우자

우리나라도 로마인의 이런 개방성을 배워야 한다고 생각한다. 우리나라에 사는 외국인들의 비중은 시간이 갈수록 늘어나고 있다. 물론 불법적으로 우리나라에 들어와서 문제를 일으키는 외국인도 있다. 하지만 문제를 만드는 외국인은 빙산의 일각이다. 대다수의 선한 외국인들까지 매도되어서는 안 된다. 잘 보이지 않는 곳에서 자신의 일을 묵묵히 하면서 살아가는 외국인들이 더 많다는 사실을 기억해야 한다.

사람들은 누구나 배우고 익히면 무엇이든 할 수 있다고 생각한다. 성실하게 자신의 몫을 해내며 살아가는 외국인들이 있다면 기회를 주는 일도 필요하다. 그들이 능력을 발휘할 수 있게 되면 우리나라는 더욱 더 살기 좋아질 것이라고 믿는다. 누구에게나 자신이 잘할 수 있는 분야가 있기 마련이다. 우리나라는 외국인들의 능력을 우리 사회의 자산으로써 활용할 수 있다.

이를 통해 우리나라 역시 더 큰 발전을 이룰 수 있다고 생각한다. 또한 경제적으로도 많은 도움이 된다. 외국인들이 대한민국에 살면서 돈을 벌어서 세금을 내게 된다면, 이는 결국 우리나라의 국가 재정에도 도움이 된다. 그리고 이 돈의 일부는 미래에 복지란 이름으로 우리에게 돌아올 수 있다.

우리나라 사람들끼리만 잘 먹고 잘살 수 있는 시대는 이미 지나갔다. 시간이 지날수록 세계는 하나의 네트워크로 연결되고 있다. 그에 따라 외국인들도 우리나라 사회의 일부로 편입되고, 더불어 사는 세상이 오고 있다. 우리와 다르다는 이유로 배척하며 살아가는 것보다 외국인과 함께 살아가는 지혜가 필요하다. 실력 있는 사람은 더 이상 이방인이 아님을 명심하자.

개혁 : 필요에 따라 자유자재로 변하다

모든 사람이 세상을 바꾸겠다고 생각하지만,
어느 누구도 자기 자신을 바꿀 생각은 하지 않는다.

– 톨스토이, 러시아 출신의 문인

왕정에서 공화정으로

여러 기업은 어려움에 처했을 때 살아남는 방법으로 구조 조정을 한다. 구조 조정이 힘든 것은 자기 살을 깎아 내는 과정이기 때문이다. 많은 직장인이 기업이 구조 조정을 할 때, 해고를 당한다. 혹은 자신이 근무하던 부서가 사라지는 바람에 자신의 전공이나 경험과는 전혀 무관한 부서로 이동하기도 한다. 때로는 근무지가 자신의 주거지와 먼 곳으로 변경되는 경우도 있다.

직장인들이 겪게 되는 이런 일들은 결국 기업 활동과 무관하지 않다. 인건비 절감 차원에서 해고가 된다. 그리고 경영 효율성을 높이기 위해서 그동안 성과가 낮았던 부서를 정리하기도 한다. 지방에 위치한 생산 공장의 정상화를 위해 지방 근무도 해야만 한다. 이러한 기업 활동은 내부 개혁을 통해 경쟁력을 유지하기 위한 노력의 일환이라고 할 수 있다.

고대 로마인들도 마찬가지였다. 우리나라 기업들이 내부 개혁을 시도하는 것처럼, 로마인들도 내부에서 변화를 시도했다. 이를 통해 그들은 보다 나은 사회를 만들고자 노력했다. 그들의 역사를 돌이켜보면, 의미 있는 구조 조정이 수차례 단행되었음을 알 수 있다.

첫 번째 예로, 왕정에서 공화정으로 변화한 일을 들 수 있다. 기원전 753년 로마는 제1대 왕인 로물루스에 의해서 건국되었다. 당시 로마 왕정의 특이한 점은 왕위가 세습되지 않았다는 것이다. 오늘날 세계 각국의 대통령이 투표로 선출되듯이 로마의 왕도 민회에서 열리는 선거를 거쳐야 했다.

　로마는 제1대 왕인 로물루스 이후 여러 왕을 거치면서 성장했다. 하지만, 인류 역사에는 좋은 업적을 남긴 성군만큼이나 온갖 나쁜 짓을 저지른 폭군들도 많았다. 로마도 마찬가지였다. 많은 왕이 오랫동안 국가를 잘 유지하고 다스리며 안정적으로 이끌어갔던 로마였지만, 제7대 왕이 타르퀴니우스 통치 시기에 문제가 발생했다.

　타르퀴니우스의 아들인 섹스투스가 친척인 콜라티누스의 아내였던 루크레티아를 성폭행했다. 이후 루크레티아는 자신의 아버지와 남편에게 자신이 당한 일에 대해 복수를 해달라고 이야기하고는 두 사람 앞에서 죽었다. 그녀의 유해는 포로 로마노Foro Romano 로마 공회장의 연설대 위에 안치되었다. 이 일을 두고 많은 사람이 왕과 그의 가족이 저지른 만행을 비난했다. 당시 시민들 앞에 선 브루투스라는 청년은, 루크레티아와 같은 여자들이 두 번 다시 이런 일을 당해서는 안 된다고 주장했다. 청년은 덧붙여 현재 왕인 타르퀴니우스가 선왕을 죽였으며, 민회에서 열린 선거도 거치지 않았고, 원로원의 승인도 받지 않았음을 강조했다. 이 일로 25년간 제7대 왕으로서 통치했던 타르퀴니우스는 결국 추방되었다.

　1명에 의한 지배가 불러올 수 있는 폐해를 지각한 로마인들은 공화정이라는 독특한 정치 체제를 만들어낸다. 왕과 원로원, 시민들이 서로 견제하며 이끌어 가는 삼권 분립 체제는 전과 동일했다. 하지만, 왕이 차지하고 있던 위치에 집정관이라는 직책을 투표로 선출하도록 바꾸었다. 매년 투표로 결정되는 집정관의 임기는 1년이며, 한 번에 2명씩 선출된다. 어느 한쪽이 찬성하더라도 다른 쪽이 반대 의사를 표시하면 정책은 시행되지 않는 구조였다.

권력이 집중되면 이를 이용하여 자신의 욕심을 채우려고 하는 사람이 나타나기 마련인데, 이런 사람이 많아질수록 여러 부작용이 생겨 사회의 발전을 저해한다. 로마인들은 이를 방지하고 싶었기에 공화정으로의 변화를 선택했다.

계층 간의 갈등을 없애다

두 번째 예로는 로마인들이 제정한 법을 들고 싶다. 바로 "리키니우스-섹스티우스법"과 "호르테시우스법"이다. 이 2가지 법은 귀족 계층과 평민 계층 간의 갈등을 해결하기 위한 법이었다. 우선 리키니우스-섹스티우스법은 평민들에게도 모든 관직을 개방한 법이다. 로마에서는 공적인 신분으로 오를 수 있는 최고 위치의 자리는 집정관이었는데, 이 자리까지 평민들에게 개방되었다. 지금으로 치자면, 우리와 같은 의원이 아닌 일반 시민들도 대통령 후보로 나올 수 있는 기회가 주어진 된 것이다.

호르텐시우스법이란, 평민회에서 의결된 정책은 원로원의 승인 절차 없이도 바로 법적 효력을 발휘하도록 한 법이다. 이 법으로 인해서 귀족과 시민들 간의 법적인 차별이 사라졌다. 왜냐하면, 시민들이 원하는 게 있다면 평민회에서 투표하여 법제화하면 되었기 때문이다.

공화정 시대에 제정된 이런 법들은 대부분 시민 계층의 권리 확대와 관련이 있다. 전쟁이 있을 때마다 무장하고 전선에서 싸우는 시민들은 귀족 계층이 누리고 있던 권리를 가져오고자 했던 것이다. 그래서 공화정 초기에는 '파업'이 자주 발생했다. 전쟁을 치러야 하는 시민들이 출전을 거부한 것이다. 이유는 자신들의 본업인 농사를 놔두고 전쟁에 다녀오면 먹고 살기가 힘들어지기 때문이었다.

이런 로마인의 모습을 보면서, 문득 영화 〈1987〉이 생각났다. 우리나라는 헌법상 민주 공화국이지만, 민주적으로 통치되지 않는 나라였다. 국가에 의해 많은 것이 통제되던 나라였고, 그 과정에서 국민의 자유는 억압되었다. 일부 계층들은 특권을 누리기도 했다. 그래서 '권리'를 찾기 위한 투쟁이 시작됐다. 오늘날 우리가 당연하게 여기는 '권리'라는 것은 어느 날 하늘에서 뚝 떨어진 것이 아니었다. 이를 얻기 위해 힘들게 투쟁했던 사람들이 있었음을 다시 한 번 생각하게 되었다.

제정된 2가지 법이 갖는 의미는, 공화정 초기부터 이어진 계층 간의 갈등이 마무리되고 사회가 안정화되는 계기를 마련했다는 점에 있다. 계층 간 갈등이 사라진 로마는 빠르게 이탈리아반도 전체를 세력권 안에 넣게 된다. 그리고 이는 곧 다가올 포에니 전쟁에서 승리하는 데 도움이 되었다고 생각한다.

오늘날 우리가 당연하게 여기는 '권리'라는 것은
어느 날 하늘에서 뚝 떨어진 것이 아니었다.
이를 얻기 위해 힘들게 투쟁했던 사람들이 있었음을
다시 한 번 생각하게 되었다.

공화정에서 제정으로

세 번째 예는 원로원 중심의 공화정에서 황제 통치 제정으로의 변화이다. 앞서 이야기했듯이 공화정 말기의 혼란은 카이사르의 뜻을 이어받은 옥타비아누스에 의해서 마무리된다. 옥타비아누스는 원로원에서 존엄한 자라는 뜻의 '아우구스투스'라는 칭호를 받게 된다. 그리고 아우구스투스가 바로 로마의 첫 번째 황제가 된다.

포에니 전쟁 이후 급격한 사회 변화로 인해 로마는 전쟁에 승리했음에도 불구하고 혼란에 빠진다. 원로원 의원들이 불법적으로 토지를 임대하여 얻는 수익으로 재산을 불리는 사이에 전쟁에 참여하느라 일을 하지 못한 시민들의 삶은 피폐해졌다. 이런 문제를 해결하기 위해 그라쿠스 형제가 개혁을 시도하지만, 실패로 돌아갔다. 이때부터 로마는 사회를 개혁하려는 자와 자신의 기득권을 지키려는 자 사이의 싸움이 시작됐다. 그 싸움은 마리우스와 술라, 카이사르와 폼페이우스로 이어지는 대결 구도를 보이며 이어졌다.

카이사르는 원로원 중심의 공화정 체제가 덩치가 커진 로마에 어울리지 않는다고 생각했다. 당시 도시 국가 로마는 많은 식민지를 지닌 제국으로 성장해있었다. 그는 넓은 제국을 통치하기에 공화정은 비효율적이라고 바라봤다. 그래서 황제가 중심이 되는 제정으로의 변화를 생각했던 것이다.

어떤 사람들은 카이사르를 공화정을 무너뜨린 독재자로 묘사한다. 하지만, 그를 죽였던 공화정 주의자들은 사회 혼란을 막기 위한 그 어떤 대책도 내지 못했다. 원로원 중심의 소수 지배체제는 이미 그 효능을 잃은 상태였기 때문에 제정으로의 변화는 불가피했다. 제정으로 변화한 후에 로마는 더욱 번창했음을 역사가 말해주고 있다. 이후 팍스 로마나, 다시 말해 로마에 의한 평화가 이뤄졌음을 기억해야 한다.

역사상 가장 위대한 제국 중 하나로 손꼽을 수 있는 로마지만, 그들에게도 문제는 있었다. 왕의 독재에 따라 평민들의 자유와 권리가 위협받고, 사회 계층 간의 갈등으로 인해 많은 다툼이 있었다. 이로 인한 내부적인 갈등에 많은 피를 흘리기도 했다. 하지만 이런 과정을 통해 로마는 변화에 성공했다. 위기 시기마다 구조 조정을 시행하여 로마는 더욱 번영할 수 있었던 것이다.

로마가 오랫동안 지속될 수 있었던 이유도 여기에 있다. 어떤 나라는 위기가 닥쳤을 때 내부까지 흔들리며 무너졌다. 한 나라가 망하는 이유에는 외부적인 요인보다 내부적인 요인이 더 크다. 그 때문에 내부적인 개혁에 성공한 나라는 생명이 연장된다. 때로는 더욱 번영한다. 수차례 이어진 구조 조정의 성공, 이는 로마 제국 번영의 핵심 요소이다.

계층 : 비천한 출신도 황제가 되다

희망은 볼수 없는 것을 보고
만질 수 없는 것을 느끼고 불가능한 것을 이룬다.

– 헬렌켈러, 미국의 작가·사회사업가

디오클레티아누스 황제의 사례

"길은 모두에게 열려있지만, 모두가 그 길을 가질 수 있는 것은 아니다."

드라마 〈미생〉에 나오는 명대사 중 하나다. 드라마에 '장그래'라는 인물이 나온다. 그는 바둑을 좋아했고, 프로 바둑 기사가 되고 싶은 꿈이 있었다. 꿈을 이루고자 치열하게 노력했지만, 결국 이루지 못했다. 프로 바둑 기사의 길이 아닌 대기업 인턴으로 취직한 장그래의 회사 생활은 보는 것만으로도 힘들다. 그는 행복할 수 있을까.

〈미생〉이라는 드라마가 인기를 끌었던 이유는 우리나라 직장인의 모습을 현실감 있게 그려냈기 때문이다. 길은 모두에게 열려있지만, 일부만 갈 수 있는 길이 있다는 앞서 나온 말은 끊임없이 '완생'을 꿈꾸는 장그래의 모습을 압축적으로 보여준다.

그런데 왜 갈 수 없는 길이 존재하는 것일까.

우리나라는 산업화 이후 빈부 격차가 심해졌다. 부유한 사람은 더 부유해지고, 가난한 사람은 더 가난해졌다. 그리고 그 격차는 점점 커지고 있다. 우리나라는 헌법상 민주 공화국으로 명시되어 있지만, 법은 경제적 불평등까지 해결하지 못한다. 이러한 경제적 불평등은 우리나라 사회를 부자와 빈자 계급으로 나누었다.

돈은 우리 삶에서 매우 중요하다. 돈이 있으면 경제적 자유와 시간을 벌 수 있다. 부유한 계층은 소비에 있어서 자유롭다. 하고 싶은 것이 있다면 할 수 있다. 필요한 것이 있다면 살 수 있다. 하지만, 경제적으로 자유롭지 않은 빈곤층은 하고 싶은 것이 있다면 돈을 벌어야 한다. 필요한 것이 있다고 하더라도 돈이 없기에 마음대로 구매할 수 없다.

생활양식의 차이는 돈이 있는지 없는지에 따라 나타난다. 어느 부유한 가문의 A는 비행기를 타고 어학연수를 간다. 같은 나이인 B는 부모님 수술비 마련에 바쁘다. 1톤 트럭을 타고 다니며 과일 장사로 돈을 버는데 이마저 생활비로는 빠듯하다. 이때, 2명 모두 글로벌 기업에서 일하고 싶은 꿈이 있다고 생각해보자. 두 사람 중 누가 더 빠르게 그 꿈을 이룰 수 있을까. B는 생활비 버는 데에 빠듯하여 자기 계발에 투자할 여력이 없는 반면, A는 외국에서 공부하면서 익힌 어학 능력으로 보다 쉽게 자신의 꿈을 이룰 수 있다.

B가 힘들게 돈 벌면서 공부를 하고 이를 통해 글로벌 기업에 취직했다고 해보자. 그 사이에 A는 대리로 진급하여 보다 많은 연봉을 받으며 살고 있을 가능성이 높다. 똑같은 나이인데 A는 대리, B는 신입 사원이다. B가 회사 생활을 하면서 심리적인 박탈감을 느낄 가능성이 충분하다.

경제적인 차이는 결국 사회적 불평등을 만들게 된다. 가장 큰 문제는 불평등이 고착화되고 악순환하면서 계급화 되는 데에 있다. 부유한 사람들은 부유한 사람들끼리 만나고, 가난한 사람들은 가난한 사람들끼리 만난다. 시간이 지나면 계급을 넘어 계층이 되어 버린다. 가난한 사람들이 보기에 부유한 사람들의 생활은 다른 나라 사람 이야기처럼 보인다.

얼마 전에 KBS 〈명견만리 시즌2〉에서 우리 사회 계층 간의 불평등을 이야기하며 사다리를 보여주었다. 과거에 사다리를 한 단계 올라가는 것은 무릎만 살짝 들어도 가능했다. 하지만 지금은 가랑이를 찢어도 사다리 한 단계조차 올라가기 힘들다. 그 정도로 사다리 간의 격차가 많이 벌어졌다는 말이다. 계층의 고착화는 우리 사회의 활력을 저하하는 요소가 될 수 있어 해결해야 할 문제임이 틀림없다.

신분적 불평등 속 기회

고대 로마는 경제적 불평등뿐 아니라 신분적 불평등도 있는 계급사회였다. 노예 신분인 부모님에게서 태어났다면 자신도 노예였다. 명문 귀족 출신 신분인 부모님에게서 태어났다면, 자신도 명문 귀족으로 살아갈 수 있었다. 그런데도 로마는 신분적인 차별을 뛰어넘을 수 있는 기회가 있었다. 이 기회를 활용하여 비천한 가문에서 태어나 황제의 자리까지 오른 로마인이 있다. 바로 기원전 3~4세기의 디오클레티아누스 황제다.

그는 지금의 크로아티아 스플리트 인근에서 태어났다고 한다. 그런데 정확히 언제 태어났는지 기록이 없고, 부모가 누구인지도 기록이 없다. 해방된 노예의 아들이었다는 설도 있다. 황제가 되기 전에는 '디오클레스'라는 이름으로 불렸고, 황제가 된 후에 로마식 이름인 '디오클레티아누스'로 바꾸었다고 한다.

심지어 황제가 되기 전의 그에 대한 기록도 많지 않다. 디오클레티아누스는 당시 황제였던 누메리아누스 황제의 경호 대장이었는데, 대장이라는 지위를 보자면 군단 내 다른 사람들에게 능력을 인정받았다고 생각한다. 그리고 군단병들의 추대로 황제가 되었다는 점을 상기해보자면, 그가 비록 비천한 출신이지만 뛰어난 능력을 가지고 있었음을 상상해볼 수 있다.

그가 황제가 되었을 당시는 이민족의 침략이 강력했던 시기였는데, 그는 제국을 4분할로 나눠서 다스렸다. 1명의 황제 혼자서 넓은 지역을 관리하기가 힘들다고 판단했기 때문이다. 그래서 제국의 서방에 2명, 동방에 2명, 총 4명의 황제가 나눠서 제국을 통치하게 되었다.

지금도 로마의 테르미니역 근처에 가면 디오클레티아누스 황제의 흔적을 볼 수 있다. 바로 디오클레티아누스 욕장 유적이다. 단순히 유적만 남아 있는 것은 아니다. 욕장 유적지를 활용해서 만든 테르메 미술관도 있고, 산타 마리아 델리 안젤리 성당도 있다. 이 성당은 입구가 특이하다. 르네상스 시대에 미켈란젤로가 당시 남아있던 디오클레티아누스 황제 욕장의 일부를 벽으로 활용하여 만들었기 때문이다.

지금은 세계 각국에서 민주주의를 채택하는 등, 인간의 자유와 평등을 중요하게 생각한다. 하지만 인류 역사상 지금의 분위기가 형성된 시기는 그리 길지 않다. 불과 200년 전만 하더라도 여러 나라에 노예라는 신분

지금은 세계 각국에서 민주주의를 채택하는 등,
인간의 자유와 평등을 중요하게 생각한다.
하지만 인류 역사상 지금의 분위기가 형성된 시기는 그리 길지 않다.

이 있었다.

로마도 역사 속의 많은 나라와 마찬가지로 신분제 사회였다. 그렇지만 다른 나라의 신분제도에서는 찾아보기 힘든 계급을 하나 볼 수가 있는데, 그것이 바로 '해방 노예'라는 계급이다. 해방 노예는 말 그대로 노예 계급에서 해방된 신분을 의미한다. 당시 로마 제국에서는 노예 계급이라고 하더라도 주인이 누구냐에 따라서 노예 신분에서 벗어날 기회를 잡을 수 있었다. 때에 따라서는 일해서 모은 돈으로 자신의 몸값을 지급하고 노예 계급에서 해방될 수도 있었다.

당시 해방 노예 계급의 다음 세대부터는 법적으로 평민이라는 지위가 주어졌다. 노예에서 평민으로 신분 상승할 기회가 있던 것이다. 물론 실력과 운이 뒷받침되어야 했지만 말이다. 이러한 신분 상승의 기회가 우리에게 주는 의미는 작지 않다고 생각한다.

로마인들은 비록 노예라고 하더라도 능력이 뛰어나다면 아이들의 가정 교사로 활용하기도 했다. 노예 계급이라고 하더라도 주인과 함께 생활하며 많은 것을 보고 느낄 수 있는 환경이 주어졌다. 자신의 역할을 충실히 수행한 사람을 노예 신분에서 해방해주는 주인도 있었다고 한다.

실력 있는 사람이 밑바닥에서 올라오게 되면, 우리 사회에는 새로운 피가 유입된다. 새로운 생각, 새로운 관점을 가진 사람이 사회 주류 계층으로 편입되면, 사회를 발전시키는 구심점의 역할을 할 수 있다. 사회 계층의 고착화를 막을 수 있다. 그 외에도 사회에 활력을 불어넣을 수 있다는 장점도 있다. 이를 통해서 하나의 사회가 발전하고, 더 나아가서 국가가 발전하는 동력이 될 수 있다.

"개천에서 용 난다."는 말이 있다. 하지만 경제적 불평등이 고착화되고, 기회의 불평등으로 이어지며 자신의 실력과 노력만으로는 출세하기 힘든 사회가 되고 있다. 나는 이런 사회가 건강한 사회인지에 대해 질문하고 싶다.

사람들의 머릿속에 '아무리 노력해도 안 될 것은 안 된다.'는 관념이 뿌리내린 사회는 건강하지 못하다. 물론 세상 모든 일의 결과가 자신이 노력한 양에 비례해서 나오는 것은 아니다. 하지만 그런 사람들이 희망을 잃은 채 살아간다면 우리 사회가 앞으로 긍정적인 방향으로 나아가기 힘들 것으로 생각한다. 아직 늦지 않았다. 여러 사람이 함께 모여 의논하고 토론하여 해결 방안을 모색해볼 필요가 있다고 본다.

변화 : 끊임없는 변화가 성공을 만든다

구르는 돌에는 이끼가 끼지 않는다.

– 속담

포에니 전쟁 이후의 원로원

20년 전 등굣길, 내 가방에는 "워크맨"이 있었다. 나는 워크맨으로 〈굿 모닝 팝스〉를 들으며 학교까지 걸어가고는 했다. 비라도 오는 날에는 학교까지 버스를 타고 가기도 했다. 버스정류장에 있으면 내가 타려는 버스가 올 때까지 기다리는 것 외에는 딱히 할 수 있는 일이 없었다. 가끔 도로 멀리 고개를 빼 들어 바라보기도 했지만 기다리는 버스는 보이지 않았다.

지금 학생들의 등굣길은 어떨까? 그들도 무언가를 들으며 학교에 간다. 하지만 그들은 굳이 가방에 무언가를 넣고 다닐 필요가 없다. 주머니 속에 있는 휴대 전화에서 나오는 영어 프로그램을 듣고 있다. 카세트 테이프와 같은 것은 없다. 휴대 전화 화면에 표시되어 있는 어플리케이션을 누르기만 하면 들을 수 있다. 버스 정류장에는 대형 화면이 설치되어 있다. 그 정류장을 지나가는 버스 번호가 나와 있고, 그 버스들의 현재 위치도 표시되어 있다. 심지어 몇 분 후에 정류장에 도착하는지도 표시되어 있다.

20년 전과 현재의 등굣길 풍경은 다르다. 우리나라 속담에 "십 년이면 강산도 변한다."는 말이 있듯 20년 동안 많은 것이 변했다. 내 고등학교 시절에는 삐삐로 다른 학교 여학생과 연락을 주고받던 시대였다. 그런데 지금은 누구나 전화번호만 알면 바로 연락하여 목소리를 들을 수 있다.

변화는 지금도 계속되고 있다. 아침에 일어나면 인공 지능 스피커가

상쾌한 음악으로 기분을 맑게 해준다. "오늘 날씨"라고 스피커에게 말하면 인공 지능이 스피커를 통해 비가 올 예정이다, 혹은 기온이 몇 도 정도 될 것이다 등의 대답을 해준다. 출근하고 나서 몇 분 뒤, 방바닥 위를 둥글게 생긴 물체가 왔다 갔다 한다. 인공 지능 청소 로봇이다. 머리 감은 후에 말리다가 떨어뜨린 머리카락이나 구석구석 떨어져 보이지 않는 먼지를 청소해준다. 참으로 편한 세상이다.

이렇게 세상은 너무도 빠르게 변화하고 있다. 상상하지도 못했던 일들이, 혹은 영화를 보며 상상했던 일들이 이제는 현실이 되고 있다. 주변 환경이 변화한다면, 우리 자신도 변화해야 한다. 가령 세상이 '1'에서 '10'으로 바뀌었는데, 우리는 아직도 '3'에 머물러 있다면 문제가 있다고 생각한다.

어떤 사람들은 이렇게 이야기할지도 모르겠다. 너무나 빠른 변화 속에 휩쓸리면 우리의 전통문화와 같은 소중한 가치들을 잃게 된다고. 그렇다. 가치 있는 것은 지켜야 한다. 하지만 변화할 수 없다고 단정하고 무조건 반대하는 것은 문제다.

고대 로마 시대에도 변화를 거부한 채, 개혁하고자 하는 이들을 처단한 사람들이 있었다. 포에니 전쟁 이후 원로원 의원들에 대한 이야기를 해보겠다. 학창 시절에 읽었던 세계사 교과서에는 그라쿠스 형제의 개혁에 대해 2줄 정도 소개하고 끝났다. 하지만 『로마인 이야기』에서는 9살

많았던 형인 티베리우스 그라쿠스가 호민관에 당선되며 했던 연설이 소개되어 있다.

"들짐승도 날짐승도 저마다 보금자리를 가지고 있습니다. 돌아가면 마음껏 쉴 수 있는 곳을 가지고 있습니다. 그런데 조국을 위해 싸우다 죽은 로마 시민들에게는 햇볕과 공기밖에는 아무것도 없습니다. 집도 없고, 땅도 없이 아내와 자식들을 데리고 헤매다닐 수밖에 없습니다. 전쟁터에서 지휘관은 그들을 독려하면서, 너희가 적의 공격으로부터 지키는 것은 너희의 가족과 조상의 무덤이라고 말했습니다. …… (중략) ……. 로마 시민은 이제 승리자이고, 세계의 패권자로 불리고 있습니다. 하지만 현실은 어떻습니까. 로마 시민은 이제 자기 것이라고는 흙 한 줌 갖고 있지 않습니다."

그라쿠스 형제는 농지 개혁을 통해 재산을 잃은 사람들에게 농지를 나눠주고자 했다. 자작농 육성을 통해 시민층의 기반을 단단하게 해주려고 했다. 그라쿠스 형제의 개혁은 원로원 귀족들의 반대에 부딪혀 실패한다. 결국 그라쿠스 형제는 목숨을 잃었고, 그들과 뜻을 함께했던 자들도 죽음을 피하지 못했다.

로마의 원로원은 포에니 전쟁 과정에서 많은 공헌을 했다. 군단의 사령관으로 출전하면서 수많은 전투를 지휘하고, 전투 중 목숨을 잃기도 했다. 그리고 전쟁 수행을 위한 자본이 부족할 때는 자신들의 재산을 털어서 금을 내놓았다. 로마 역사상 가장 큰 위기를 해결했다는 성취감은 그들이 로마의 중심이어야 한다는 생각으로 이어졌다.

위기 상황을 해결하기 위해서 그들이 가지고 있던 권력은 전쟁이 끝난 후에도 원로원에 남아있었다. 로마에 변화가 필요했던 상황에서 그들은 변화를 거부했다. 그라쿠스 형제 이후에도 로마의 혼란은 계속되었다. 결국 원로원에서 유지하고 싶어 했던 공화정은 율리우스 카이사르와 아우구스투스에 의해 막을 내리게 된다. 제정 시대에도 원로원이라는 이름은 공화정 시대만큼의 역할은 하지 못하게 되었다.

사회가 급격히 변화할 때는 현명하게 판단할 필요가 있다. 특히 변화 속도가 빠르다면 더욱 그렇다. 제2차 포에니 전쟁 이후에 로마는 급격한 성장을 이룬다. 이탈리아반도와 시칠리아섬을 세력권으로 두고 있던 로마는 이후 지중해 세계의 지배자가 된다. 아드리아해를 건너면 갈 수 있는 마케도니아, 그리스를 지배하게 되었다. 그뿐만 아니라 아시아 지역인 시리아 지역까지도 정복했다.

이런 변화 속에서 문제가 발생한다면, 지도층은 여기에 어떤 문제가 있는지를 살펴보고 해결해야 할 필요성이 있다. 하지만 원로원은 그 문제를 해결하지 못했다. 심지어 해결책을 제시한 30대의 젊은 두 청년에게 칼을 겨누었다. 그들이 시대 변화를 읽은 후 권한을 내려놓고 변화에 동참했다면 어땠을까 하는 생각이 든다.

그들은 이렇게 생각했을지도 모르겠다. 로마를 이끄는 원로원 중심의 공화정이 전통이며, 이를 계속 이어가야 한다고. 하지만 이는 로마의 전통이 아니었다. 로마의 전통에는 다른 민족에도 시민권을 개방하는 포용성이 있었다. 적국이었던 사람을 지휘관으로 발탁하기도 했다. 게다가 다른 나라의 장점을 자신의 것으로 흡수하여 활용하는 능력도 갖추고 있었다. 이런 특성들을 진정한 로마의 전통이라 할 수 있지 않을까.

변화를 두려워하지 말자

"고인 물은 썩는다."는 말이 있다. 세상의 흐름에 맞춰서 새로운 생각을 받아들이고, 행동으로 옮겨야 한다. 1번 통했던 성공 공식이 다음에도 100% 통한다는 법은 없다. 한때의 성공에 빠져 그 프레임 안에 갇히게 되면 어떤 조직이든, 어느 개인이든 성장은 멈추게 된다.

영원히 유효한 성공 공식은 없다. 시대가 바뀌면 성공 공식도 바뀌어야 한다. 그에 맞게 우리의 사고방식과 우리의 행동도 변화해야 한다. 그 변화를 두려워하고 머뭇머뭇하는 순간 도태될 위기에 빠질 수 있음을 기억해야 한다.

많은 사람이 4차 산업 혁명을 이야기하고 있다. 지난 20년 사이에 일어났던 변화 이상으로 더 많은 변화가 일어날 수 있다. 10년 뒤에 나의 일자리가 사라질 수도 있다. 혹은 인공 지능에 의해서 나의 직업이 사라질 수도 있다는 불안감을 갖고 있는 사람도 있을 것이다.

하지만 우리는 인공 지능보다 훨씬 오랜 기간 동안 살아왔다. 과거 로마인도 변화에 적응하며 살아왔다. 게다가 우리는 로마인들에 비해서 변화의 속도가 더 빠른 시대에 살고 있다. 과거의 로마인도 변화에 적응하며 잘 살아갔는데, 우리는 더 잘하면 잘했지 못할 수는 없다. 변화 속에서 모두 성공할 수 있다는 믿음을 갖고 하루하루를 살아갔으면 한다.

로마 시대 지어진 원형 경기장에서 열리는 음악회

과거에 각 도시의 원형 경기장에는 검투 경기가 열려 많은 사람이 즐거운 시간을 보낼 수 있었다. 하지만 기독교가 국교화된 이후에 검투 경기는 차차 모습을 감추게 된다. 베로나에 있는 원형 경기장은 보존 상태가 매우 좋은 편이다. 그래서 지금도 매년 오페라 축제가 열린다. 행사의 정식 명칭은 "아레나 디 베로나 오페라 축제Arena Di Verona Opera Festival"이다. 고대 로마 시대에 지어진 원형 경기장에서 듣는 오페라 축제. 굉장히 낭만적이지 않은가.

극복 : 로마는 실패로부터 배웠다

모든 실수가 어리석은 것이라 말해선 안 된다.

– 마르쿠스 툴리우스 키케로, 고대 로마의 정치가·문인

큰 패배를 '조용히' 받아들이다

대부분의 사람은 '실패'를 부정적인 것으로 인식한다. 이 세상 그 어떤 누구도 실패를 원하는 사람은 없다. 실패와 반대되는 말로는 '성공'이 있다. 성공은 긍정적인 말이고, 실패는 부정적인 말이다. 사람들은 실패하기를 싫어하고 성공하기를 원한다. 하지만 우리가 살면서 겪는 여러 가지 일 속에서 항상 성공을 누리며 살 수 있을까. 사실 그것은 불가능하다. 우리는 신이 아닌 인간이기에 실수도 하고 실패도 하며 살아간다.

로마인들도 인간이었다. 넓은 지역에 걸쳐 제국을 건설했지만, 그토록 넓은 영토를 차지하는 과정에서 그들도 많은 실패를 거쳤다. 때로는 무지 때문에, 때로는 자만심 때문에 수많은 피해를 안기도 했다. 너무도 강력한 적을 만나서 엄청난 패배를 겪은 때도 있었다. 로마 제국이 가진 1,200여 년의 시간 동안 그들과 함께 싸운 적들도 많았다. 그중 가장 강력한 적을 뽑으라면 제2차 포에니 전쟁 당시 만났던 카르타고의 한니발 바르카 장군일 것이다.

어느 국가든 국가의 중심 역할을 해주는 귀족 가문이 있기 마련이다. 카르타고의 바르카 가문도 그중 하나였다. 한니발의 아버지였던 하밀카르 바르카는 제1차 포에니 전쟁 당시에 군 지휘관이었다. 하지만 카르타고는 전쟁에서 패배했다. 하밀카르는 패배에 대한 후유증으로 용병들의 반란을 진압해야 했다. 이후 하밀카르는 오늘날의 스페인으로 진출하여 식민지로 개척하고자 했다. 40살이었던 하밀카르가 스페인으로 넘어갈 때, 9살 된 맏아들 한니발도 함께 갔다. 한니발은 스페인으로 가기 전에 로마를 평생의 적으로 삼겠다고 맹세했다고 한다. 그 맹세를 들은 후에야 하밀카르는 한니발이 함께 스페인으로 가는 것을 허락했다.

이후 20년의 시간이 지난 후, 한니발은 자신의 군대를 이끌고 프랑스를 횡단했다. 대군을 이끌고 겨울의 알프스산맥을 넘었다. 한니발이 이끈 군대 중에는 코끼리 부대까지 있었다. 그렇게 제2차 포에니 전쟁이 시작된 것이다.

이탈리아 땅 위, 카르타고와 벌인 전쟁에서 로마군은 연전연패한다. 한니발의 뛰어난 전략과 전술에 로마군은 속수무책으로 패배했다. 로마군과 카르타고군이 이탈리아반도에서 싸웠던 전투 중에 칸나에 전투가 있다. 이탈리아 중부에 있는 칸나에 평원에서 펼친 전투를 말한다. 이 전투는 로마인이 완벽한 패배를 당한 전투로도 유명하다. 기원전 216년에 벌어진 이 전투는 수가 적은 병사를 지니고 있음에도 로마군을 포위하여 섬멸한 한니발의 전술이 돋보인 싸움이었다. 87,000명 대 50,000명으로 병력 상 열세였지만, 한니발은 완벽한 승리를 거뒀다. 로마는 전투에서 무려 70,000명의 목숨을 잃었다고 한다.

엄청난 패배를 당하고, 남은 병력이 로마로 돌아왔다. 우리가 주목해야 할 사실 중 하나는 대부분의 로마 사람은 그들을 비난하지 않았다는 사실이다. 이 패배에 대하여 누군가는 책임을 져야 하지 않느냐는 논의도 없었다. 당시의 지휘관이었던 티렌티우스 바로를 비난하는 사람도 없었다. 로마는 "고생했다, 수고했다."고 말해주며 그들을 맞았다.

승전이라면 함께 떠들며 축하했을 것이다. 반대로 엄청난 패배였다고 생각하더라도, '조용히' 받아들이는 자세가 사실 이해되지 않을 수도 있다. 당시 많은 국가는 패배한 군단의 지휘관에게 처벌을 가하는 것이 보통이었지만, 로마에서는 패배한 것 자체로 처벌받는 일은 없었다.

그렇다. 실패했다고 처벌을 먼저 주는 게 능사는 아니다. 우리는 실패하는 것에 관대해질 필요가 있다. 실패하고 패배했다고 비난하고 처벌하는 것은 우리 사회 발전에 있어 도움 되지 않는 태도다.

직장에서도 일하다보면, '책임'이라는 말을 많이 듣는다. 회의할 때 특히 그렇다. 이런저런 논쟁을 하다보면, "이렇게 해서 손실이 발생하면, 그에 따른 피해는 누가 책임지나요?"하고 묻는 사람이 있다. 이런 논쟁이 때때로 격화되는 모습을 볼 때마다 느끼는 게 있다. 같은 회사에서 같은 월급을 받고 일하면서 왜 서로 죽이지 못해 안달일까 하는 생각이다.

물론 그럴 수도 있다. 어떤 일에 대한 결과가 좋지 않다면, 누군가가 책임을 질 수도 있다. 그런데 우리나라에서는 대부분의 경우 책임을 진다는 건 그 사람의 해고를 의미한다. 현대 직장인이 받아들이는 해고 통지와 과거 많은 국가가 전쟁터에서 패배한 장수들에게 시행했던 사형과의 차이는 무엇일까. 본질적으로는 차이가 없다고 본다.

실패는 중요한 경험 자산 중 하나

일의 결과에 반드시 책임을 지고 물러나야만 한다면 많은 사람은 안정적인 선택만을 할 수밖에 없다. 실패한다는 것은 곧 책임진다는 의미도 담고 있다. 그러므로 사람들은 도전을 회피하게 될 것이다. 성공의 열매가 단 것은 알고 있지만, 자신의 중요한 것을 걸고 무모한 도전을 할 사람은 없다.

실패에 대한 책임을 묻는 것보다 중요한 일이 있다고 생각한다. 실패 자체를 있는 그대로 받아들이되 결과가 나타나게 된 원인을 살펴볼 필요가 있다. 왜 실패했는지 알아보면서 그 과정 속에서 무엇이 잘못되었는지 찾아보는 것이다. 그런 사항들을 개선하면서 다음에 일을 추진할 때는 개선사항들이 반영되도록 노력해야만 한다. 이렇게 우리는 실패로부터 배우는 자세가 필요하다고 생각한다.

실패는 가장 좋은 경험 자산이라고 생각한다. 깊게 파인 상처처럼 실패가 아프다고 느껴질 수 있다. 하지만 그 아픔도 우리에게 도움이 된다. 어떤 일을 이루기 위해 노력하면서, 그 일에 대한 아픔을 간직한 사람과 그렇지 않은 사람이 있다고 생각해보자. 그 두 사람이 일을 받아들이는 태도는 다를 수밖에 없다. 아픔이 있는 사람이 보다 더 간절하게 그 일에 매달릴 수 있다. 그리고 실패한 경험이 있기에, 성공하기 위해서는 무엇을 하지 말아야 하는지를 안다. 결국 그는 실패한 경험으로 한 단계 더 성장하는 것이다.

실패는 가장 좋은 경험 자산이라고 생각한다.
깊게 파인 상처처럼 실패가 아프다고 느껴질 수 있다.
하지만 그 아픔도 우리에게 도움이 된다.

칸나에 전투에서 대패한 이후 로마는 어떻게 했을까. 로마는 우선 한니발이라는 장군을 인정했다. 그와 정면으로 싸워서는 이기기 힘들다는 사실을 알았다. 하지만 한니발 장군이 없는 카르타고군은 약하다는 사실도 알았다. 그래서 한니발이 지휘하지 않는 카르타고군은 망설임 없이 공격했다. 이탈리아 남부의 여러 도시를 점령한 한니발은 혼자서 모든 전선을 상대할 수 없었다. 로마군은 정면 대결을 피했지만, 주변 도시를 지키는 일은 소홀히 하지 않았고, 한니발이 없는 빈틈을 공격하기도 했다. 이 전략은 느리지만 서서히 효과를 발휘하기 시작하여, 이탈리아반도 내에서 전세가 역전되는 계기가 되었다.

로마는 카르타고로부터 오는 지원을 막기 위한 노력도 게을리하지 않았다. 한니발의 본거지라고 할 수 있는 에스파냐로 군대를 보내 그들을 견제했다. 그래서 한니발의 두 동생은 그를 지원하러 올 수 없었다. 그리고 로마는 카르타고와 가까운 섬인 시칠리아 역시 확실히 장악하고자 군대를 파견하기도 했다. 외부로부터 지원을 거의 받지 못한 한니발은 점점 이탈리아반도 내에서 고립되기 시작한다.

우리는 살아가면서 여러 가지 경험을 하면서 살아간다. 경험이 쌓이고 누적되며 우리는 성장하게 된다. 경험들은 때때로 '성공'과 '실패'라는 이름을 달고 우리를 찾아온다. 하지만 그 경험들을 '좋은 것'과 '나쁜 것'이라는 이분법적 사고로 받아들여서는 안 된다. 어떤 경험을 하든 지 우리는 거기서 배움을 찾기 위해 노력해야 한다. 우리가 성공 사례에서 배울 수 있듯, 실패 사례에서도 배워야 한다. 성공의 단맛이 주는 교훈만큼 실패의 쓴맛이 주는 교훈도 진하다.

실패했다는 사실에 자괴감을 느낄 필요는 없다. 우리는 좋은 경험을 한 것이고, 오늘보다 더 나은 내일을 만들면 된다. 내게는 큰 실패로 느껴지는 일일지라도 이를 "반면교사反面敎師"로 생각해야 한다. 토마스 에디슨이 남긴 유명한 명언 하나를 떠올려 본다.

"실패는 성공의 어머니이다."

조직 : 로마, 위대한 조직의 힘

재능은 게임에서 이기게 한다.
그러나 팀워크는 우승을 가져온다.

– 마이클 조던, 미국의 전설적인 농구선수

위기 상황에서 뭉치면 살고 흩어지면 죽는다

사람의 삶을 명확하게 나누어 보는 것은 때때로 어렵다. 하지만 굳이 나눠보자면, 유아기, 청소년기, 청년기, 장년기, 노년기로 나눠볼 수 있다. 로마의 역사도 그렇게 나누어서 볼 수 있다. 왕정과 공화정 초기를 유아기라고 한다면, 포에니 전쟁 시기는 청소년 시기라고 할 수 있다.

로마는 전통적으로 조직이 강한 나라였다. 왕정 이후 시민들은 자신들이 가진 자유가 왕위를 가진 1명의 개인에 의해 피해 입는 것을 극도로 싫어했다. 공화정 시대에 왕이라는 말은 금기어와 같았다. 영웅이라는 말도 쓰이면 안 되는 말이었다. 1명의 특출한 개인이 탁월한 성과를 내어 시민들의 열광을 받는 것을 극도로 싫어했다. 그들은 영웅의 탄생을 경계하며 공동체를 위한 삶을 강조했다.

공동체에 득이 되는 일이라면 개인이 조금 희생하더라도 발 벗고 나섰다. 1997년 우리나라가 IMF 금융 위기를 맞이했을 때에 전 국민이 동참했던 '금 모으기 운동'을 기억하는가. 로마에도 그런 일이 있었다. 앞에서 이야기했던 칸나에 전투에서 대패한 뒤였다. 전쟁을 계속할 수 있는 병력은 모을 수 있었지만 전쟁 자금 모으기는 힘들었다. 재원 마련에 있어 가장 쉬운 방법은 세율을 올려 세금을 더 걷는 것이다. 하지만 원로원 의원들은 그렇게 하지 않았다. 솔선수범하여 자신의 사재를 털어 금을 내놓았다. 이는 전쟁을 계속하기 위해 재원으로 사용될 돈이었다.

그리고 시민들에게는 전시 국채가 발행되었다. 시민들이 가지고 있는 재산에 따라서 금액이 배당되었다. 큰 파도 앞에서 요동칠 법도 했다. 하지만 로마인들은 흔들리지 않았다. 위기 속에서 단결했고, 전쟁을 승리로 이끌 수 있었다. 이렇게 위기가 닥칠수록 하나로 뭉쳐 그 위기를 이기는 것이 로마가 가지고 있던 조직의 힘이었다.

국가에 위기가 닥쳤을 때 하나로 뭉치는 것만큼 큰 힘은 없다. 위기가 닥쳤을 때 국론이 분열되어 망한 나라는 역사상 너무도 많다. 우리나라 삼국 시대에도 그런 일이 있었다. 고구려가 멸망한 과정을 보면 알 수 있다. 고구려가 나당 연합군의 공격을 막지 못한 것은 나라가 분열된 탓이었다. 강력한 권력을 휘두르던 연개소문이 죽은 뒤에 그의 아들들 사이에서 내분이 발생했다. 연개소문의 장남 남생이 당에 투항하고 당을 끌어들임에 따라 고구려는 역사 속으로 사라졌다.

사회 지도층의 의논이 분열되면 국가는 위험에 빠진다. 위험에 처했을 때 내부적으로 약한 조직은 결국 무너지기 마련이다. 강한 조직은 위기를 이겨낼 뿐만 아니라 성장의 기회로 삼는다.

매뉴얼, 집단 지식의 힘

로마가 가지고 있던 또 다른 힘은 시스템화였다. 공화정 시대에 로마의 지도층은 영웅의 등장을 극도로 싫어했다. 왜일까? 1명의 영웅은 곧 왕이 될 가능성이 가장 높은 후보로 등장할 수 있기 때문이었다. 물론 위기에 처했을 때 효과적인 대처를 위하여 '독재관'이라는 보완책을 마련하기긴 했다. 하지만 이역시도 기한이 6개월밖에 되지 않았다.

하지만, 난세일수록 영웅의 도움이 필요한 법이다. 그래서 포에니 전쟁 당시에 스키피오가 등장한 것이다. 나는 단지 로마가 영웅의 도움을 받았다는 사실에 포커스를 맞추기보다는 그들이 영웅이 남긴 유산을 어떻게 활용했는지를 살펴봐야 한다고 생각한다.

뛰어난 사람들은 그 시대의 다른 사람들이 가지지 못했던 생각을 하고 이를 행동으로 옮긴다. 뛰어난 사람이 존재하는 당시에는 그들에 의해 구상이 잘 이어질 수 있다. 그러나 정말 훌륭한 조직이라면 그들이 남긴 지혜를 체계화하여 후대까지 이어 나가는 것이 중요하다. 앞서 이야기했던 사례처럼 말이다. 로마군은 한니발에게 맞서 싸우며 시행했던 스키피오의 훈련법, 전투방법을 모두 체계화했다. 이는 단순히 병사에게만 전해진 것이 아니라 군단급 지휘관들에게도 전파되었다. 매뉴얼은 곧 집단지식이 되고, 곧 이는 전투에서 아주 효과적으로 활용할 수 있다. 로마는 포에니 전쟁 이후 거의 모든 전쟁에서 승리를 거듭하게 되는데, 여기에는 스키피오가 남긴 전투 방법을 조직 내부의 것으로 만든 그들의 힘이 있었기에 가능하다.

굳이 로마가 아니더라도 이런 사례는 많이 찾아볼 수 있다. 중세 시대에서부터 근대에 이르기까지 지중해 세계의 여왕으로 꼽혔던 베네치아

이민족의 침입에 쫓겨나듯이 바다 위에 집을 지었지만,
베네치아 공화국은 지중해의 해상 무역을 장악하면서
1,000년이 넘는 세월 동안 번영했다.

교양인을 위한 로마인 이야기

와 남북국 시대 해상 왕국의 주인공 장보고를 비교해도 좋다.

베네치아는 아주 작게 시작한 나라였다. 훈족의 침입을 피해 갯벌 위에 집을 짓고자 목재를 들고 항을 떠나면서부터 역사가 시작되었다. 이민족의 침입에 쫓겨나듯이 바다 위에 집을 지었지만, 베네치아 공화국은 지중해의 해상 무역을 장악하면서 1,000년이 넘는 세월 동안 번영했다.

남북국 시대 말기에 신라의 장보고도 동북아 지역에서 해상 무역을 장악하면서 강력한 세력으로 떠올랐다. 하지만 장보고가 이끌던 조직은 장보고가 없으면 무너지는 조직이었다. 장보고 1명에 의해서 운영되는 조직은 강한 조직이 아니다. 1명에 의해 좌지우지되는 조직은 경쟁력이 없기 때문이다.

장보고가 남긴 청해진 시스템을 더욱 발전시켜줄 누군가가 있었다면 어땠을까 생각해본다. 동북아 해상 무역의 중심으로 신라 경제가 더 발전할 수 있지 않았을까. 하지만, 당시 이미 오랜 세월을 지낸 신라는 지도층의 사치와 향락으로 내리막길을 걷고 있던 상태였기 때문에 힘들지 않았을까 하는 생각도 한다.

천재, 현자 등의 등장은 역사에 있어 필요하다. 그들이 남긴 새로운 비전, 혁신적인 방법은 발전을 위한 아이디어가 되며, 새로운 방법을 고안할 토대가 된다. 나는 그런 사람들을 설계도를 그릴 줄 아는 사람, 큰 그림을 그릴 줄 아는 사람으로 생각한다.

율리우스 카이사르도 그랬다. 공화정에서 제정으로 이행하려는 큰 그림을 그렸다. 이를 완전히 수행한 것은 그의 양아들이 되어 뜻을 이은 아우구스투스였다. 우리나라에도 그런 예가 있다. 조선 시대 초기, 조선의 설계도를 그린 사람은 다름 아닌 정도전이었다. 그는 이방원의 칼에 의해 목숨을 잃게 되지만, 이후 세종이 그의 설계도 위에 스케치를 했다. 이어서 성종이 조선을 완성했다.

어떤 이가 남긴 유산이 있고, 그 유산이 훌륭하다면 유지하고 보존하여 잘 활용하는 일도 필요하다. 자신과 뜻이 맞지 않는 이가 했다고, 자신이 생각하는 이념과 다르다고 반대하는 것은 좋지 않은 태도다. 깊게 생각해보고 현재 우리 사회에 적합하다는 결론을 내렸다면, 그 정책을 이어나가야 한다. 로마는 이것을 잘했다. 개인의 입장과 반대되는 입장의 사람들이 법으로 만들어 현실화시킨 정책이라고 해도 로마 사회에 필요한 것이라면 법을 유지하는 것에 힘썼다. 자신의 생각, 또는 정당의 이념과 다르다고 반대하는 것은 옳지 못한 행동이라고 생각한다.

조직의 힘은 조직 구성원에 의해서 결정된다

조직의 힘은 결국 그 조직을 구성하는 사람들의 힘이다. 하지만 그 구성원의 수가 많다고 해서 무조건 힘이 센 것은 아니다. 수가 적더라도 강한 힘을 발휘하는 조직이 있다. 반면에 수만 많고 각자 의견을 내는 데만 급급하여 어떤 결정도 내리지 못하는 조직도 있다.

조직이란 결국 사람들이 모인 집단이다. 조직이 발전하기 위해서 우선 그 구성원들의 개인적 목표가 조직의 목표와 일치해야 한다. 이는 쉽지 않은 일이지만, 둘 사이의 균형을 잡을 필요가 있다. 그리고 그 조직의 목표 달성을 위해 함께 노력하고 나아가야 한다. 외부 환경 혹은 내부 환경에서 위기가 닥칠 수도 있다. 그런 위기가 왔을 때, 구성원들끼리 똘똘 뭉쳐 이겨내야 한다. 자신의 생각과 다르다는 이유로 다른 사람의 정책을 배척해서는 안 된다. 현실적으로 생각하고, 그 정책이 사회 발전에 필요하다는 생각이 들면 용인하는 자세도 필요하다.

누군가는 이렇게 이야기했다. 강한 자가 살아남는 것이 아니라 살아남는 자가 강한 것이라고. 로마는 무려 1,200년간 살아남았다. 이는 무엇보다 그들의 조직이 위대했음을 설명해주는 강력한 증거라고 생각한다.

교양인을 위한 로마인 이야기

교육 : 로마인들은
어떻게 가르치고 배웠는가?

16_ 시스템 : 시스템이 인재를 만든다

17_ 기회 : 로마인이 군대에서 배우는 것

18_ 여가 : 잘 쉬고 잘 노는 것도 교육이다

19_ 단련 : 신체의 건강까지 인재의 조건이다

20_ 소통 : 로마인이 소통의 기술을 배운 이유

21_ 책임 : 권한과 책임이 함께 하도록 가르친다

22_ 깊이 : 지식보다 지혜를 갖춘 인재를 키워라

23_ 현장 : 이론보다 직접 경험이 중요하다

시스템 : 시스템이 인재를 만든다

지식의 유일한 출처는 경험이다.

– 알버트 아인슈타인, 과학자

절대적인 권력을 경계하는 시대

로마인들은 무엇이든 체계화하여 매뉴얼 만드는 일을 잘했다. 체계화하기 좋아하는 그들의 면모는 인재 육성 측면에서도 찾아볼 수 있다. 그렇다면, 우리 역사에도 이처럼 체계적인 인재 육성을 위해 노력한 인물이 있었음을 아는가. 그는 바로 정도전이다.

조선 시대는 한 명의 왕이 절대적인 권력을 갖고 있던 시대다. 왕이 어떤 사람인지에 따라서 백성들의 삶이 달라지고 국가의 흥망성쇠까지 결정된다. 하지만, 항상 좋은 성품과 능력을 지닌 왕이 나올 수는 없다.

이런 문제점을 해결하기 위해 정도전은 고려 시대에도 있었던 '경연'이라는 제도를 강화한다. '경연'은 나라를 잘 다스리기 위해서 임금이 신하에게 받는 일종의 토론 수업이었다. 경연을 통해 이미 공부한 유학 경전의 깊이를 더하기도 하고 국정 현안을 토론하기도 했다. 왕마다 조금씩 경연을 대하는 태도는 달랐는데, 성종은 하루에 세 번씩 경연에 나섰다고 한다.

물론 정도전이 강화한 '경연' 제도에도 좋지 못한 성품이나 뛰어나지 못한 왕은 나타났다. 왕은 기본적으로 태조 이성계의 후예들이 차지할 수 있었고, 적장자 승계 원칙을 따라야만 했다. 실력보다 혈통을 중요하게 생각했기 때문이다. 이 같은 환경에서 경연 제도는 조선 후기까지 계속 실행된다. 일부 왕들에 의해서 없어지기도 했었다. 하지만 새로운 왕이 즉위하면서 다시 시작되어 조선 왕조 500년 동안 이어지게 된다.

로마 제국의 인재 육성 시스템

이 책의 2장에서 로마 제국이 성공할 수 있었던 이유 중 하나로 조직으로써 힘이 강했기 때문이라고 언급했다. 조직이 강할 수 있었던 이유 중하나로 국가가 위기에 처했을 때마다 똘똘 뭉치는 공동체 정신을 이야기하기도 했다. 조직이 강할 수 있었던 다른 이유로는 체계화를 언급했다. 로마인이 체계화하여 강점으로 만든 것 중에는 인재 육성 시스템도 포함된다. 이를 한 번 알아보도록 하자.

귀족 출신인 사람은 어릴 때부터 다른 사람들에게 자신이 능력이 있다는 것을 증명해야 한다. 그렇지 못하면 리더가 될 수 없었다.

귀족 출신의 청소년이 성인이 되면 군단으로 가서 경험을 쌓는다. 일반적으로 가족이나 친척들이 근무하고 있는 지역의 하급 장교로서 군 복무를 한다. 아무것도 모르는 신출내기에게 하급 장교는 어려울 수는 있지만, 해당 부대의 경험 많은 백인 대장들의 도움으로 업무를 시작한다.

이제 겨우 성년이 된 아이에게 하급 장교 역할을 맡긴 것이 의외라고할 수 있다. 그렇다면, 여기서는 하급 장교라는 역할을 잘 해내는 인물과그렇지 못한 인물로 나누어 볼 수 있을 것이다. 로마인들은 정치계에서성공하기 위해서는 먼저 군단 내부에서 자신의 리더십을 증명해야 했다. 그 첫 번째 관문이 바로 하급 장교 역할을 잘하느냐, 못하느냐였다.

30살이 되면 회계감사관이라는 직책에 지원할 수 있었다. 이 직책의 이름을 들으면 단순히 회계 장부를 관리하는 업무를 맡은 직책으로 생각할 수 있다. 군단에서의 금전 출납 업무는 회계감사관이 하는 기본적인 일이었다. 하지만 그 외에도 필요한 물자 조달, 병사들의 급료 지급 등과 같이 군단 운영의 전반적인 업무를 담당하기 때문에 중요했다.

30살이 되면 경험할 수 있는 다른 직책으로는 안찰관이 있었다. 로마 시내에 상주하면서 필요한 사업들을 추진하는 공직이다. 축제 및 각종 경기 행사 기획·운영 업무는 물론, 시내 도로와 공중목욕탕 관리도 한다. 그리고 도시의 치안 업무도 맡는다. 쉽게 말해서 제국의 수도인 로마를 운영하는 데에 필요한 실질적인 업무를 수행한다. 오늘날 공무원들이 하는 것과 마찬가지로 말이다.

또한 30살부터 공화정 시대의 로마를 이끌었던 원로원 의원도 될 수 있었다. 그렇다고 모두가 원로원 의원이 될 수 있는 것은 아니었다. 원로원 의원은 세습될 수 없는 지위로, 귀족 출신이라 하더라도 능력과 경험이 있어야 원로원에 들어갈 수 있었다.

40살이 되면 지원 가능한 직책으로 법무관이 있다. 투표를 통해서 어떤 사람이 법무관이 될지 결정된다. 재판을 담당하는 직책이다. 동시에 입법권도 가지고 있어 논의가 필요한 문제를 상정하여 논의를 시작할 수도 있었다. 이 자리가 중요한 다른 이유는 집정관 부재 시 군대를 지휘하는 역할도 가지고 있었기 때문이다. 법무관이 되어 1년의 임기를 마치면,

전직 법무관 자격으로서 1년간 속주 총독 직위에 파견되기도 하였다.

40살부터는 로마 최고 관직인 집정관에 출마할 수도 있다. 집정관은 입법, 사법 등 로마 제국 운영 전반에 걸쳐 업무를 수행할 수 있는 권리가 있다. 보통 집정관은 2명이 뽑히게 되며, 정책 결정 과정에 2명 중 1명은 거부권을 발동할 수 있었다. 1명이라도 거부권이 행사될 경우에 해당 법안은 실행되지 않았다.

앞서 말했듯, 집정관 임기가 끝나면 전직 집정관 자격을 갖고 속주 총독으로 부임한다. 속주 총독은 로마 제국 안에서 작은 로마를 다스리는 것과 같다. 물론 완전히 똑같지 않다. 하지만 속주 총독으로 잘 근무하면 능력을 인정받게 된다. 율리우스 카이사르도 집정관 1년 임기 후에 갈리아 지방으로 가서 8년의 시간을 보낸다. 제정 시대에 속주 총독으로서 인정받고 황제의 자리까지 오른 인물도 있으니 바로 트라야누스 황제다.

인재 육성의 최종 목표, 뛰어난 행정 관료 육성

단계적으로 자리를 밟는 게 로마의 인재 육성 시스템이다. 물론 예외 사례도 있다. 대표적 인물은 제2차 포에니 전쟁 당시 장군이던 스키피오 아프리카누스와 공화정 말기 장군이던 폼페이우스다. 당시 시대적 상황이 그들을 필요로 하고 있었다. 로마에는 독재관이라는 직책도 있었는데, 나라가 위기일 때 임시로 나라를 끌어주는 역할을 맡긴 공직이다.

로마 시대의 인재 육성의 궁극적인 목표는 뛰어난 행정 관료 육성에

로마에 나타났던 많은 인재는
어느 날 갑자기 하늘에서 나타나지 않았다.
모두 다 그들의 육성 시스템 안에서 태어나고 길러졌다.

있다. 그럼에도 많은 사람이 어릴 때부터 군대에서 경험을 쌓는 이유는 최고위 관직인 집정관에겐 군사력으로 상대를 무너뜨릴 능력이 필요했기 때문이다. 시민들의 지지를 받기 위해서는 자신이 군사적으로 뛰어난 사람임을 증명할 필요가 있었다. 군사적 능력까지 갖추지 못한다면, 다른 능력이 아무리 뛰어나다 하더라도 다른 사람들에게 인정받지 못했다.

로마인의 이런 인재 육성 시스템은 포에니 전쟁 당시에 한니발과 지구전을 지속할 수 있던 원동력이기도 하다. 카르타고군의 지휘관은 한니발 혼자였지만, 로마군의 지휘관은 많았다. 한니발은 혼자서 수많은 로마 장군이 이끄는 군대를 상대했다. 혼자 로마 장군을 상대하기 벅찼던 한니발은 한때 이탈리아반도의 많은 남부 지역을 차지했음에도 점점 구석으로 몰리게 된다.

로마에 나타났던 많은 인재는 어느 날 갑자기 하늘에서 나타나지 않았다. 모두 다 그들의 육성 시스템 안에서 태어나고 길러졌다. 로마의 인재 육성은 훌륭한 국가 관료 육성에 큰 목적이 있었다. 그리고 확실하게 그 역할을 수행했다고 생각한다.

아주 오래전 사람들이긴 하지만 그들에게 배울 것은 배워야 한다. 그들의 인재 육성 시스템은 사회적 비용을 줄이는 역할을 했다. 이런 부분은 많은 학생이 대학교를 졸업하고도 취직하지 못하는 우리나라 교육 제도를 다시 생각하게 한다.

기회 : 로마인이 군대에서 배우는 것

우리는 평화롭게 살기 위해 전쟁을 치른다.

– 아리스토텔레스, 고대 그리스의 철학자

고대 로마의 빈민 구제 대책

"눈 온다."

이 한마디를 듣는 장소가 어디냐에 따라 느낌은 180도 달라진다. 크리스마스이브의 약속 장소에서 여자 친구를 기다리다가 들을 때, 혹은 크리스마스이브의 군대 내무실에서 텔레비전을 보다가 들을 때를 생각해 보라. 만약 누군가 1억을 주겠다며 입대하라고 해도 나는 하지 않을 것이다. 대부분의 사람이 그렇지 않을까 짐작한다.

이토록 가기 싫어하는 군대에 가고 싶어 했던 사람들이 있었다. 바로 로마인들이었다. 지난 2장에서 나는 로마인들이 군대에 입대할 때 자신의 장비를 직접 구매해서 입대해야 한다고 언급했었다. 왕정 시대부터 공화정에 이르기까지 그 제도는 이어졌다. 하지만 그 제도는 공화정 말기의 마리우스에 의해 없어졌다. 포에니 전쟁 이후 로마의 자영농이 몰락하고, 빈민들이 늘어가는 가운데 로마 병사의 질도 하락했다. 평민 출신으로 군대에서 오랫동안 복무하고 능력을 인정받아 집정관에 취임한 마리우스는 군제 개혁을 실시한다. 바로 기존의 징병제에서 지원제로 바꾼 것이다.

이 말은 곧 로마군에 지원하여 입대하는 것은 곧 직업을 얻는 것과 같다는 의미다. 당시 로마에는 직업을 구하지 못해 빈민으로 전락한 사람들이 많았다. 이들을 구제하기 위한 대책이기도 하며, 로마군의 질적인 문제도 해결하기 위한 대책이었다.

보통 우리가 접하는 로마인들은 황제, 집정관, 원로원 의원, 군사령관, 혹은 그들 주변인들과 같이 지배 계층인 경우가 많았다. 그 사람들의 비율은 로마 제국 전체 인구의 1% 정도가 된다고 한다. 이에 대해 문제를 제기하고 나머지 99%를 구성했던 사람들의 삶을 이야기하는 책이 있다. 바로 로버트 냅Robert Knapp이 지은 『99%의 로마인은 어떻게 살았을까』이다. 그 책에는 평민, 빈민, 노예, 해방 노예, 군인, 매춘부, 검투사, 산적과 해적들의 삶을 기술하고 있다.

그 책에선 군인이라는 직업도 이야기해주고 있다. 마리우스의 개혁에 따라 자신의 생계를 해결하고자 군인이 된 빈민 계층 사람들이 나타나게 된다. 전체 군인 중에 이와 같은 사람들의 비율이 꽤 높았던 것 같다. 그리고 해당하는 사람들은 직업 군인을 매우 매력적으로 생각했다. 국가의 보살핌을 받을 수 있었기 때문이다. 국가에서 먹여주고 재워주는 데다가 돈까지 지급한다.

사회에서는 불안정한 고용 탓에 수입이 일정치 않았다. 하지만 군대에서는 일정한 수입이 보장되며 복무기간이 늘어날수록 수입이 늘어난다.

게다가 황제의 격려금이 지급되기도 하며 제대를 할 때에도 상여금이 지급되었다. 빈민 계층에게는 군대에 입대하여 군 복무를 하는 것이 큰 기회였을 거로 생각한다.

고대 로마 시대에도 힘들었던 군대 적응

하지만 현재 우리나라는 징병제이기 때문에 재산이 적고 많음을 떠나서 모두 군 생활을 해야만 한다. 교육, 근로, 납세의 의무와 함께 국방의 의무가 국민의 4대 의무에 포함되어 있을 정도다.

의무라는 이름 때문일까. 많은 사람이 어쩔 수 없이 군대에 간다. 될 수 있으면 피하고 싶지만, 병역 회피자들에게는 처벌이 내려지기 때문에 가야만 한다. '피할 수 없으면 즐기자!' 하는 마음으로 입대를 하더라도 막상 엄한 군기와 정해진 규칙대로 움직여야 하는 생활에 잘 적응하지 못한다.

이는 당시 로마인들도 마찬가지였다. 훈련을 통해서 행군을 하고, 무기 쓰는 법을 배운다. 그리고 구호에 맞춰 단체로 움직이는 방법도 익힌다. 지휘관 명령에 절대복종하는 것은 당연한 일이다. 지휘관 명령에 불복종하는 것은 곧 사형이었다. 고대 로마 시대에는 현대와 같이 "인간의 생명은 모두 소중하다."는 인도주의적 관점이 없었다.

'피할 수 없으면 즐기자!' 하는
마음으로 입대를 하더라도 막상 엄한 군기와
정해진 규칙대로 움직여야 하는 생활에 잘 적응하지 못한다.

안정적 수입이 주어지지만 잘못된 선택 1번이면 바로 피할 수 없는 죽음을 막는 곳이 군대였다. 그럼에도 군대에 자원입대하는 사람들이 있었다. 안정적인 수입 말고도 군대가 주는 두 번째 장점 때문이었다. 바로 배움이다.

당시 로마 제국은 이민족의 군대가 제국 경계선 근처에서 수상한 모습을 보일 때마다 문제를 해결하기 위해 움직이는 정책을 쓰고 있었다. 그래서 생각보다 많은 전투가 일어나지 않았다. 하지만 그렇다고 병사들에게 훈련만 시키고 남은 시간엔 어떤 임무도 없이 시간을 보내게 하기에는 이를 장교들이 싫어했다. 그래서 부대원들에게 새로운 임무를 부여하기도 했다. 이 새로운 임무는 어떤 이에게는 귀찮은 일이었겠지만, 다른 이에게는 배움의 기회이기도 했다. 실제로 군대에서의 경험을 기회라고 생각하고 지원하는 사람들이 있었다고 언급하지 않았는가.

군대에서 스스로 만드는 기회

앞서 말한 책인 『99%의 로마인은 어떻게 살았을까』에는 17세에 근위병으로 입대한 청년의 삶을 글로 새긴 비석을 소개하고 있다.

"나 루키우스 마리우스 비탈리스는 루키우스의 아들로 17년 55일 동안 살았다. 나는 공부를 잘했지만 직업을 얻기 위한 기술을 배우고 싶어서 부모님을 설득했다. 나는 하드리아누스 황제의 근위병이 되어 로마를 떠났다. 나는 열심히 일했지만 운명이 나를 시기하여 내 목숨을 앗아 가는 바람에 나의 새로운 천직을 잃고 이곳에 묻히게 되었다. …… (하략)."

우리나라 군 복무 기간은 2년이 채 안 되지만, 로마 병사들의 복무 기간은 20년이기에 긴 시간 동안 여러 가지 업무를 하면서 제대 이후 사회생활을 위한 기술을 배웠을 것이다. 흔히 군대에 가면 삽질을 많이 한다고 하는데, 로마인도 마찬가지였을 것 같다. 인근 지역 가도 및 도시 공공건물 건설 현장에 로마 병상들이 투입되었다는 기록도 있다.

또한 로마 군대에서는 글을 모르는 사람들 또한 글을 배울 수 있었다. 물론 군대에서 필요한 단어 위주로 배우겠지만, 최소한 글 읽는 법은 배우게 된다. 일단 글 읽는 법을 배우게 된다면, 시간이 갈수록 점차 높은 수준의 글도 읽을 수 있었을 것이다.

나 역시 군대에서 배운 것이 있다. 전화교환병으로 근무하면서 발음을 정확히 하려면 어떤 연습을 해야 하는지를 배웠다. 항상 근무 시작 전에 모나미 볼펜을 입에 물고 발음 연습을 하곤 했다. 그 외에도 사회생활에 직접적으로 도움 되는 기술을 배우기도 했다.

매주 수요일마다 진행되는 정신교육담당 조교가 되어 매주 주말마다 관련 자료를 타이핑했다. 덕분에 나는 컴퓨터 마우스를 쓰지 않고 '흔글

97' 프로그램을 쓰는 능력을 갖게 되었다. 나중에 이는 대학교 동아리에서 『창립회지』를 편찬할 때 많은 도움이 되기도 했다.

사실 대학교 시절 나는 카투사에 입대하고자 영어 공부를 했었다. 군 복무 하는 2년여의 시간 동안 영어 실력을 올려보고 싶었던 것이다. 준비 기간이 짧아서 이루지는 못했다. 짧은 시간이지만, 군 생활을 통해서 앞으로의 삶을 생각해보고 무엇을 하며 살 것인지, 그리고 내게 무엇이 필요한지를 한 번쯤 생각해볼 필요가 있다고 본다.

로마인이 복무했던 20년에 비해서 2년여의 시간은 짧은 시간이다. 하지만 나는 그 시간도 허투루 쓰기 싫었다. 로마인은 20년 동안 군대에 있으면서도 사회에 나가면 어떤 일을 해야 할지 고민했다. 군에서 주어지는 새로운 임무를 자신에게 온 기회로 보았던 로마인처럼 우리도 긍정적인 자세로 군 생활을 하는 것이 무엇보다 중요하다고 생각한다.

자신이 원해서 검투사가 된 사람이 있었다

고대 로마는 전쟁에서 승리하면서 많은 노예를 얻을 수 있었다. 노예들 중 체격 좋고 신체 건강한 사람들 중 운동 신경이 좋은 사람들은 검투사 훈련소로 가서 훈련을 받고 검투사가 되곤 했다. 하지만, 노예가 아닌 시민들 중에 자신이 원해서 검투사가 된 사람도 있었다. 이들은 법적 효력을 갖는 계약을 맺고 검투사가 되었다. 검투사로 계약할 때 계약금을 받고, 경기에서 승리할 때는 승리 수당을 받았다.

ROME - 18

여가 : 잘 쉬고 잘 노는 것도 교육이다

한가로운 시간은 그 무엇과도 바꿀 수 없는 재산이다.

– 소크라테스, 고대 그리스의 철학자

159

Chapter Ⅲ 교육: 로마인들은 어떻게 가르치고 배웠는가?

로마 시대에도 숨바꼭질이 있었다?

타임머신을 타고 학창 시절로 돌아갈 수 있는 기회가 생긴다면 나는 더 열심히 놀고 싶다. 누가 들으면 '정신 나간 소리 하고 앉아 있네.' 하고 생각할 수도 있겠다. 하지만 나는 공부에 집중하는 것보다 더 놀고 싶다. '학생이면 공부를 본업으로 삼아야 하지 않느냐?'라는 질문이 들어올 수도 있겠다. 그러면 나는 책상 앞이 아닌 곳에서도 배울 수 있으며, 이러한 방법으로 배우는 것들이 삶에 얼마나 많은 영향을 미칠 수 있는지에 대해서 이야기할 것이다.

공부라는 말의 정의를 한 번 알아보자. 공부란 학문이나 기술을 배우고 익힘을 말한다. 우리 삶에 필요한 학문과 기술은 정말 많다. 하지만 사람마다 차이가 있기 때문에 모두 법학을 배울 필요는 없고, 모두 그림을 잘 그릴 필요도 없다. 자신의 취향이나 하고 싶은 것이 무엇이냐에 따라 선택은 얼마든지 달라질 수 있다고 본다.

나는 잘 노는 것도 교육이라고 생각한다. 다른 사람과 잘 어울리며 더불어 살아가는 것도 우리 삶에 필요한 교육이다. 자기 혼자 잘 해보겠다고 공부에 몰두하는 것은 좋지 못하다고 생각한다. 첫 직장에서 함께 근무하던 선배는 나에게 이런 말을 해주었다.

"뭐가 급하다고 밥도 안 먹고 일을 하노. 다 먹고 살자고 하는 긴데. 니랑 내랑 밥 같이 먹으면서 친해지고 나면, 내가 너 일할 때 뭐 하나 도와줄 수도 있는 거 아이가."

사실 세상은 더불어 살아야 한다. 혼자 잘한다고 해서 좋은 성과를 만들 수 있는 것은 아니다. 많은 사람이 살아가면서 여러 조직에 소속된다. 그 조직은 가족일 수도 있고, 어린이집 같은 반일 수도 있으며, 학원에서 같이 수업 듣는 친구들일 수도 있다. 혹은 같은 단체 채팅방에 모여 있는 사람들일 수도 있다.

우리 삶 속에서 중요한 것은 자신이 속한 조직 내의 사람들과 원만한 관계를 유지하며 사는 것이다. 그 관계가 좋고 나쁨에 따라 행복과 불행이 나뉘는 경우가 있다. 대부분 직장인들은 야근 때문에 힘들어한다. 하지만 정작 퇴사하는 많은 이유 중 첫 번째가 무엇이냐고 물어보면, 상사와의 좋지 않은 관계 때문이라고 이야기한다. 사람들과 원만한 관계를 유지하며 사는 것은 조직 생활에서 무엇보다 중요한 일이다.

하지만 책상 앞에서는 그런 능력을 배우기가 힘들다. 사람들과의 관계를 좋은 쪽으로 유지할 수 있게 도와주는 내용이 담겨 있는 책을 읽더라도 그런 능력은 잘 늘지 못한다. 직접 대면하고 이야기하면서 노력해야 하는데, 그런 노력 없이 어떤 일이 일어날 수 있을까. 그런 능력은 책상 앞에서 지식과 기술을 배우려 할 것이 아니라 길거리로 나가서 다른 사람들과 어울려야 길러진다.

어릴 적에 동네 친구들과 공터에서 구슬치기했던 기억이 있다. 부모님께서 용돈을 주시면 그중 일부로 문방구에 가서 구슬을 산 뒤에 친구들과 놀았다. 그런데 로마의 어린이들도 구슬치기를 했다고 한다. 로마의 어린이들과 내가 다른 점이 있다면, 그들의 구슬은 호두를 이용하여 만든 것이고, 나는 유리로 만든 구슬을 썼다는 점이다.

그리고 재미있는 것은 로마에도 숨바꼭질을 했다는 것이다. "꼭꼭 숨어라, 머리카락 보일라. 꼭꼭 숨어라. 머리카락 보일라." 술래가 이런 노래를 부르기 시작하면 아이들은 술래가 찾기 힘든 곳을 찾아 숨기 시작한다. 숨바꼭질을 할 때의 차이를 살펴보면, 로마에서는 술래가 눈을 가리고 아이들을 찾았다는 점이다. 길거리에서 숨바꼭질을 할 때, 눈을 가린 술래가 실수로 지나가던 행인을 붙잡으면 아이들은 웃음을 참지 못했다고 한다.

책 『고대 로마인의 24시간』에서 저자인 알베르토 안젤라는 로마 어린이들의 놀이를 설명해준다. 규칙이나 방법은 좀 다를지 모르겠지만, 위의 구슬치기와 숨바꼭질 외에도 내가 했던 놀이와 비슷한 놀이들이 많다. 로마의 어린이들은 대나무를 가지고 전쟁놀이를 하는 것 외에도 말타기 놀이, 시소 놀이 등을 했다고 한다.

고대 로마의 초등학생들의 학교 수업은 오전이면 모두 끝났다. 이후 집으로 돌아와서는 간단한 점심 식사를 마치고 밖으로 나갔다. 날씨가 좋으면 길거리에서 위와 같은 놀이를 했고, 날씨가 좋지 않으면 공중목욕탕에 달린 체육관에서 친구들과 함께 놀았다. 로마의 아이들은 오전에는 학교에서 공부를 하고, 오후에는 친구들과 어울려 놀면서 시간을 보냈던 것이다.

고대 로마의 아이들처럼 우리나라 아이들도 서로 어울려 노는 시간이 많아야 한다. 삶을 살아가는 데에 필요한 지식을 공부를 통해 배울 수 있는 것은 맞다. 하지만 그 지식이 과연 그 아이의 삶에서 꼭 필요한 지식일까? 초등학교 6년, 중학교 3년, 고등학교 3년을 공부하면서 배웠던 것 중에 머릿속에 남아 있는 지식은 얼마나 될까? 그리고 그중에 지금 내가 활용하고 있는 지식은 얼마나 될까?

놀이를 통해 배우는 것은 눈에 보이지 않지만, 그 아이의 성장에 큰 도움을 줄 수 있다고 본다. 앞에서 언급했던 구슬치기에 대해서 얘기해보자. 구슬치기를 잘하기 위해서는 세지도 약하지도 않은 적당한 힘으로 정확한 방향을 향해 구슬을 튕겨야 한다. 게다가 친구들이 주변에서 보고 있는 가운데에 구슬을 튕겨야 한다. 이를 성공시키기 위해서는 많은 집중력이 필요하다. 집중해서 구슬을 계속 튕길 때마다 아이들의 집중력은 향상되기 마련이다.

숨바꼭질도 마찬가지다. 술래는 잘 찾는 것이 목적이고, 다른 이들은 잘 숨는 것이 목적이다. 어떤 곳이 술래에게 안 걸릴까 하는 고민을 하며 아이들은 숨기 시작한다. 사실 숨을 수 있는 시간은 많지 않아 빠른 판단력이 필요하다. 고민하다가 숨지 못해 걸리는 아이는 술래가 되기 때문이다. 술래 역시 마찬가지다. 친구들이 어디에 숨었을까 하고 생각하는 과정에서 추리력이 키워지기 마련이다.

이처럼 놀이를 통해서도 집중력, 판단력, 추리력이 키워지기 마련이다. 공부를 통해서 이런 능력을 키우려면, 많은 시간이 필요할지도 모른다. 그러나 중요한 것은 아이들은 놀이를 재밌어한다는 거다. 아이들이 재밌어하는 놀이를 통해 이런 능력들을 키울 수 있다면, 나는 책상 앞에 앉혀놓고 공부시키기보다 밖에 나가서 친구들과 놀다가 오라고 이야기할 것이다.

놀이를 통해 얻을 수 있는 중요한 것, 인성

이런 능력 외에도 놀이를 통해 얻을 수 있는 중요한 1가지 더 있다. 바로 아이들의 인성이다. 많은 사람이 공부 잘하는 아이는 착하다고 착각

삶을 살아가는 데에
필요한 지식을 공부를 통해 배울 수 있는 것은 맞다.
하지만 그 지식이 과연 그 아이의 삶에서 꼭 필요한 지식일까?

Chapter III 교육: 로마인들은 어떻게 가르치고 배웠는가?

하기도 한다. 하지만, 이는 어른들의 눈에만 착하게 보일 뿐인 것이다. 국·영·수를 잘한다고 그 아이의 인성까지 좋은 것은 아니다. 공부 잘하는 아이가 착하다면, 명문대를 졸업한 사람들은 어째서 범죄를 저지르는 걸까. 공부를 잘하는 것과 아이의 인성은 어떤 상관관계도 없다.

하지만, 놀이와 아이의 인성은 상관관계가 있다. 다른 친구들과 잘 노는 아이들은 성장하면서 타인과 어떻게 하면 원만한 관계를 유지할 수 있는지를 배우게 된다. 이미 배우고 있으면서도 아이 스스로는 배우고 있는 줄도 모른다. 부모도 모른다. 그저 그 아이는 몸으로 체득한다. 살다가 주변 사람과 문제가 생겼을 때, 공부만 하며 살아온 아이와 적당히 놀면서 공부도 한 아이의 모습은 판이하게 다를 수밖에 없다.

많은 사람이 돈을 벌기 위한 수단으로 공부를 생각한다. 그래서 먹고 사는 데에 필요한 지식과 기술을 익히는 것을 중요하게 생각한다. 하지만 우리 삶은 그렇게 단순하지 않다. 우리는 여러 사람과 어울려 살아가기 때문이다. 그 방법은 책상 위에서 배울 수 있는 게 아니다. 딱딱한 책상을 벗어나 길 위로 나가자. 그 위에서 우리는 다른 사람들과 둥글게 둥글게 어울려 살아가는 방법을 배울 수 있을 것이다. 책상 앞에서 이뤄지는 공부 이상으로 길 위에서 더 많은 것을 배울 수 있다고 생각한다.

단련 : 신체의 건강까지 인재의 조건이다

평범한 노력은 노력이 아니다.
진정한 노력은 배신하지 않는다.

— 이승엽. 전 야구선수

'운동'을 중요하게 생각했던 로마인

대학교 신입생 시절, 주말에 축구 경기를 할 때였다. 나는 왼쪽 측면 수비수를 맡았다. 내 앞에서 공격수가 침투하려 했다. 나는 막기 위해 뒷걸음질 쳤다. 가운데에서 중앙 수비수를 맡고 있던 선배가 "올라가!"라고 외쳤다. 하지만 앞의 공격수를 막아야 한다는 생각에 나는 선배의 말을 흘려들었다. 갑자기 상대방 진영에서 긴 패스가 왔다. 신경 쓰지 못했던 내 등 뒤로 공이 날아왔고, 어느새 상대편 공격수가 공을 잡았다. '아차!' 하는 생각이 들었다. 다행히 중앙에 있던 선배가 달려와 공격수의 공을 빼앗아 가는 길에 나를 보며 경기 시작 전에 했던 말을 다시 해줬다. "나보다 앞에 있으라고!"

그래서 나는 그다음 수비 시에는 앞으로 전진했다. 항상 주변을 살펴봤다. 최종 수비수를 보는 선배는 어디에 있는지, 공은 어디에 있는지, 내가 맡아야 할 상대편 공격수는 어디에 있는지. 상대 공격수는 계속 전진을 하는데 선배는 앞으로 나갔다. 나는 그 선배보다 더 앞으로 나갔다. 틈을 보던 상대 공격수가 전진하기 시작했다. 그럼에도 불구하고 선배는 더 앞으로 나갔다. 그 순간 공이 날아왔다. 당시에 나는 선배를 중심으로 한 팀의 다른 수비수들과 함께 전진해 있었기에, 그 공격수는 오프사이드 위치에 있었다. 우리는 함께 상대 공격수를 오프사이드 함정에 빠뜨린 것이었다. 짜릿한 경험이었다.

운동에는 크게 두 가지 운동이 있다. 혼자서 하는 개인 운동과 여럿이 하는 단체 운동이다. 운동은 우리 삶에 있어 정말 중요한 위치를 차지하고 있다. 모든 운동은 기본적으로 체력을 강화시켜주는 활동이기 때문이다. 이 외에도 운동을 통해 많은 것을 얻을 수 있다. 나는 대학교 시절에 축구 동아리 활동을 하면서 협력과 팀워크에 대해 배웠다. 하지만, 우리 사회는 운동을 배척까지 하진 않더라도 우선순위 밖으로 밀어내고 있다.

중학교 때 배웠던 영어 속담 중에 "Sound in body, sound in mind."가 있다. "'건강한 신체에 건강한 정신이 깃든다.'는 뜻을 가진 이 속담은 고대 로마 시인 유베날리스가 했던 말이다. 틀린 것 하나 없는 훌륭한 말이라고 생각한다. 몸이 아프면 하고 싶었던 일도 잊고 일단 쉬고 싶기 마련이다. 오늘 반드시 해야 할 일을 내일로 미루게 된다. 아프면 의지가 약해진다. 그 속담이 우리에게 주는 교훈처럼, 로마인들은 운동을 단순히 체력을 기르기 위한 활동으로만 생각하진 않았다.

로마인들은 '실질강건實質剛健'이라는 가치를 중요하게 생각했다. 실질적으로 삶에 도움이 되는 교육, 신체적으로 건강한 사람으로 만들어 주는 교육을 중요하게 생각했다. 공화정 시대의 정치가였던 마르쿠스 카토도 자신의 아이에게 문법, 법률 외에 여러 가지를 가르쳤다고 한다. 『플루타르코스 영웅전』에 따르면 카토는 그의 아들에게 창 던지는 법, 갑옷

입고 싸우는 법, 말 타는 법, 권투하는 법을 직접 가르쳤다. 심한 더위나 추위를 버티는 법이나 소용돌이치는 험한 파도를 헤치고 건너는 방법도 가르쳤다고 한다.

건강한 신체를 중요하게 생각한 로마인들은 열심히 운동했다. 시민 계층도, 귀족 계층도 마찬가지로 운동을 중요하게 생각했다. 카이사르도 신체 단련을 중요하게 생각했다. 그는 오전에는 가정교사와 함께 공부를 하고, 오후에는 운동장에서 운동을 했다. 그의 어머니가 내린 지시이기도 했다. 고대 로마에 있던 원형 경기장은 관람석 밑에 실내 체육관이 설치되어 있는 곳이 많았다. 카이사르뿐만 아니라 많은 로마 아이들이 그곳에서 무술을 연마하고, 신체 단련을 했을 것이다. 이렇게 단련된 신체는 훗날 로마군의 중심을 이루는 방패가 된다.

시민들에게는 군대가 출세의 기회가 되기도 했다. 그리고 귀족들에게는 군단 지휘 경험과 군사적인 성공과 인정이 사회의 리더로 성공하는 기반이 되기도 했다. 로마인이 운동을 중요하게 생각한 데에는 이런 이유도 있다.

몸으로 익히는 지식이 중요하다

사람들은 살면서 여러 가지를 배우고 익히며 살아간다. 배우는 방식을 2가지로 나눠볼 수 있다. 하나는 머리로 외우는 것이고, 또 다른 하나는 몸으로 익히는 것이다. 둘 사이에는 중요한 차이가 있다. 머리로 외운 것은 기억하지 못할 수 있다. 하지만 몸으로 익힌 것은 오랫동안 남는다. 술을 마신 사람이 비몽사몽 중에도 집으로 찾아올 수 있는 것은 집으로 오는 길을 몸이 외우고 있기 때문이다.

그렇기에 운동으로 배우는 것들에 큰 의미를 둘 수 있다고 생각한다. 운동하여 몸으로 익힌 것은 영원히 나의 자산이며 능력이 된다. 운전을 예로 들어 보자. 나는 운전하지 얼마 되지 않은 초보 운전 시절에 몸에 익숙지 않은 운전을 하느라 여러 차례 사고를 냈다. 눈앞에 어떤 상황이 벌어졌을 때 머릿속에서 내리는 지시는 대부분 한발 늦었다. 반대로 운전에 익숙해지자 두뇌가 명령을 내리기 전에 본능이 먼저 반응했다. 운전을 몸으로 익힌 뒤에는 사고를 낸 적이 없다.

몇 년 전에 댄스 학원을 다닌 적이 있다. 야근 탓에 퇴근 시간이 늦을 때가 많아서 나는 밤 9시 30분부터 시작되는 재즈 댄스를 신청했다. 그저 앞에 있는 강사의 움직임을 따라 하면 되는 것일 뿐이라고 생각했지만, 내 맘과 달리 몸을 잘 움직이지 못했다. 내 주변의 수강생들은 잘 따라 하는 모습을 보자니 나 혼자 뒤처진 느낌이었다. 그때 나는 생각했다. '몸치'는 자기 몸을 자신의 뜻대로 움직이지 못하는 사람이라고.

많은 연습을 하다보면 굳이 생각하지 않더라도 몸이 먼저 반응하기 마련이다. 하지만 그전까지는 머릿속에서 내리는 지시를 따라 몸이 움직인

운동하여 몸으로 익힌 것은
영원히 나의 자산이며 능력이 된다.

다. 몸치는 이에 대한 반응이 늦기 마련이다. 근육이 단련되어 있지 않으면 다치기도 쉽고, 동작도 어정쩡하다. 하지만, 로마인은 그렇지 않다. 어려서부터 운동을 열심히 하여 자신의 몸을 자기 뜻대로 움직일 수 있었던 로마인. 이로 인해 그들은 전쟁터에서 많은 승리를 거둘 수 있었다.

이외에도 로마인이 운동을 통해 얻은 것은 많다. 다른 사람과 함께 운동하게 되면, 협동심이 길러지게 된다. 하나의 팀으로서 팀원을 돕고 싶은 이타심도 생겨나며, 다른 사람과 함께 목표를 향해 노력하는 팀워크의 의미도 알게 된다. 그러는 중에 리더십을 발휘하는 사람도 생겨난다. 운동을 통해서 배울 수 있는 것이 정말 많다.

이런 능력들은 책상에 앉아서 공부하는 것만으로는 배울 수 없다. 책상 앞에서 암기하는 지식들은 언젠가 지워지기 마련이다. 오래된 지식은 새로운 지식이 들어올 때 지워진다. 그러므로 암기로 익힌 지식은 온전한 내 것이 아니다.

하지만 우리 몸을 활용하여 운동으로 체득한 살아있는 지식은 영원히 우리 자산이 된다. 체득한 지식은 우리가 죽을 때까지 몸에서 떠나지 않을 것이다. 신체 단련을 통해 얻은 체력은 공부하는 일에도 도움이 된다. 그리고 여러 사람과 운동하며 배우는 협동심, 경쟁심, 이타심, 팀워크, 리더십은 우리가 삶을 살 때에 무엇보다 중요한 능력이라고 생각한다.

나는 학창 시절에 체육 시간마다 밖에서 친구들과 뛰어놀면서 땀을 흘리곤 했다. 하지만 요즘은 체육 시간에도 운동장이 썰렁하다. 그 많던 아이들은 다 어디 갔을까? 얼마 전 TV에서 어느 유럽 선진국 학생들의 체육 시간을 본 적 있다. 우리나라와 무척 다른 모습에 여러 가지 생각을 할 수 있었다.

소통 : 로마인이 소통의 기술을 배운 이유

'혀'를 다스리는 것은 나지만, 내뱉어진 말은 '나'를 다스린다.

– 유재석, 대한민국 MC·엔터테이너

174
교양인을 위한 로마인 이야기

로마 공화정 시대의 설전, 파비우스 vs 스키피오

어릴 적 읽었던 『탈무드』에는 이런 말이 나온다. "한 번 내뱉은 말은 다시 주워 담을 수 없다.". 그리고 다니던 학교의 한문 시간에는 이런 말도 배웠다. "남아일언중천금男兒一言重千金.". 우리는 함부로 말해서는 안 된다. 이런 말들 때문에 나는 살아가면서 말은 꼭 필요한 말만 해야 한다는 생각을 갖게 되었다. 이로 인해서 어릴 때 다소 내성적인 성격으로 말수가 많지 않았던 나는 더욱 말수가 줄었다.

무엇이든 자주 하지 않으면, 그 능력이 퇴화한다. 고등학교에 들어가자 그런 경향은 더 심해졌다. 나는 말을 잘 못 하는 사람이 되어버렸다.

그런데 말을 잘 못 하는 채 살아남기는 힘들다. 말 한마디를 어떻게 하느냐에 따라 취업할 수 있는 기업은 달라진다. 어떤 이는 대기업에 취직하고, 다른 어떤 이는 중소기업에 취직한다. 그리고 이는 두 사람 간의 월급 차이로 이어진다. 더 나아가 월급은 두 사람 간의 생활 수준 차이로 이어진다.

말 한마디에 따라 사람들의 반응이 달라지고, 이에 따라 각 개인이 서로 다른 결과를 받게 되는 일은 우리 사회에 비일비재하다. 아무래도 '말 잘하는 법'을 학교의 정규 교과로 만들어야 할 것 같다. 단순히 말 잘하는 법에서 그치는 것이 아니라 의사소통 잘하는 법을 배우는 건 어떨까? 그에 대한 해답을 나는 고대 그리스인과 로마인이 배웠던 '수사학'에서 찾아보고 싶다.

로마인의 수사학 살펴보기

『로마인 이야기』에 보면 제2차 포에니 전쟁 당시 원로원에서 파비우스와 스키피오가 나눴던 설전이 나온다. 당시 카르타고의 장군인 한니발이 군대를 이끌고 로마로 쳐들어왔다. 한니발은 오랜 시간 동안 이탈리아반도의 여러 도시를 유린했다. 로마인들에게 있어서 한니발은 암 덩어리와 같은 존재였다. 한니발에게 큰 패배를 경험한 로마인들은 한니발과 정면 승부하기를 피했다. 승리하지 못하더라도, 패배하지 않는 소모전을 지속하는 전략으로 몇 년째 전쟁을 이어가고 있었다.

그러던 어느 날, 30살도 되지 않은 청년이 나타나서 자신이 한니발을 본국으로 쫓아버리겠다고 이야기했다. 배를 타고 카르타고 본국으로 가서 승리를 하고, 한니발과 카르타고에서 전쟁을 하겠다고 언급했다. 대담한 전략이었다. 그 청년이 스키피오였다. 하지만, 당시 로마는 공화정 시대였다. 하나의 정책을 실현시키기 위해서는 원로원 의원들을 설득해야만 했다.

당시 '이탈리아의 방패'라는 별명으로 불리며 많은 사람에게 존경받는 파비우스가 먼저 이야기했다. 파비우스는 자신은 스키피오를 질투하지 않으며 순순히 국익을 우선시한다고 말하며, 스키피오가 북아프리카를 공격한다 해도 한니발이 돌아간다는 보장은 없음을 강조했다. 그리고

20여 년 전 집정관 레굴루스의 실패 사례를 이야기하며 스키피오의 전략에 반대 입장임을 분명히 밝혔다.

이미 스키피오의 전략에 반대하는 사람들이 많은 상황이었다. 게다가 파비우스의 연설이 끝남과 동시에 이미 모든 것이 결정된 것처럼 보였다. 스키피오는 발언권을 요청한 뒤에 회의장 가운데에서 자신의 의견을 이야기했다. 지금까지 성공한 전략도 필요하다면 바꿔야 한다고 주장했다. 그리고 자신은 젊은 나이임에도 실전 경험은 적지 않다고 강조했다. 한니발이 로마에서 한 일을 카르타고에서 로마인이 할 것이라며 이제 적의 본거지를 쳐야 한다고 언급했다. 그리고는 이렇게 이야기했다.

"한니발이 소모되기를 기다린다지만, 한니발은 아직 41살입니다. 앞으로 우리는 얼마나 오래 기다려야 합니까. 파비우스 막시무스께서 충고해 주셨듯이 저는 언젠가 한니발과 대결할 겁니다. 하지만, 한니발이 전쟁터로 나오기를 기다리지는 않겠습니다. 제가 한니발을 로마와 대결할 수밖에 없는 상황으로 몰아넣겠습니다. 그 싸움에서 얻는 전리품은 칼라브리아 지방의 무너진 성채가 아니라, 카르타고 그 자체가 될 것입니다."

스키피오의 발언 이후 원로원 의원들의 반응 일부가 바뀌었다. 파비우스와 스키피오, 둘의 의견을 지지하는 쪽이 대략 반반으로 갈리게 되었다. 결국 스키피오의 근무지는 이탈리아반도가 아닌 카르타고와 가까운 시칠리아섬으로 결정되었다.

위와 같이 국가 정책에 대한 결정이 내려지는 모습은 공화정 시절의 로마에서 자주 볼 수 있다. 스키피오는 어릴 적부터 제2차 포에니 전쟁 초기부터 한니발과의 전투에 투입되었다. 어렸을 때부터 아버지를 따라 전쟁에 참여하느라 시간이 적었을 텐데도, 스키피오는 자신의 생각을 상대방에게 효과적으로 전달하고자 수사학을 익히는 데에 노력한 것으로 보인다. 자신의 의견에 반대하는 사람들 앞에서 자신이 원하는 바를 얻어낸 스키피오. 나는 그를 보며 말의 힘에 대해 다시 한번 생각해볼 수 있었다.

"하나, 둘, 셋! 쾅!"
초등학교 때 많은 학생이 모인 자리에서 웅변대회에 나가는 친구의 모의 연설을 들었던 기억이 있다. 교통사고의 위험성에 대해서 이야기했던 것으로 기억한다. 내용은 잘 기억나지 않지만, 급박한 상황을 묘사한 위의 멘트는 아직도 머릿속에 남아있다.

나이가 들면서 자신의 의견을 다른 사람과 나누는 소통이 얼마나 중요한지 알게 된다. 첫 직장에서 만났던 회사 선배는 기가 센 사람이었다. 센 기에 눌려서인지 나는 선배 앞에만 서면 긴장했던 것 같다. 그 선배는 가끔 내게 이렇게 이야기했다. "'아'라고 말하면 '아'라고 대답하고, '어'라고 물으면 '어'라고 대답해야 하는 거 아이가." 내가 잘 되기를 바라는 마음으로 한 이야기에 엉뚱한 대답을 하던 내가 답답하셨던 것 같다.

그러고 보니 3년 전에 집 근처 스피치 학원에 등록했었다. 열심히 하겠다는 마음으로 등록했지만 결국 채 3주가 지나지 않아 그만두었던 기억이 있다. 자신의 의견을 효과적으로 사람들 앞에서 이야기하는 것은 삶을 사는 데에 꼭 필요한 능력이다. 전혀 모르는 사람들 앞에서 자신의 의견을 주장하면서도 공감을 끌어내는 능력은 일반인에게도, 또 사회 지도층들에게도 필요하다고 생각한다.

그렇다면 텔레비전 뉴스 속에 나오는 말의 모습들은 어떨까. 나는 어릴 때부터 텔레비전으로 본 정치인들의 모습에 실망을 느끼면서 자랐다. 하나의 정책을 결정하기 위해서 정당 간의 토론을 통해 합의를 끌어내는 모습을 보고 싶었다. 하지만, 내가 봤던 모습들은 자기 정당의 입장과 반대되는 정책에 투표할 때에 당연한 듯 비워진 자리들이었다. 심지어 정책 의결을 위해 국회의사당에는 온갖 폭력이 난무했다. 이런 모습이 외국 방송사를 통해 해외로 나갈 때, 대한민국 사람이라는 것이 부끄럽기도 했다.

소통으로 흥하는 우리나라가 되길 기원하며

『고대 그리스와 로마의 교육』의 저자 빌헬름 딜타이는 그의 저서에서 로마 제국의 전성기인 5현제五賢帝 시대의 교육에 대해 서술했다. 당시 로마에서는 유능한 정치가로 성공하려는 사람들은 수사 학교에서 대화 기

나이가 들면서
자신의 의견을 다른 사람과 나누는 소통이
얼마나 중요한지 알게 된다.

술이라고 할 수 있는 '수사학'을 공부했다고 한다. 우리나라 정치인들이 정계에 입문하기 전에 타임 캡슐을 타고 로마 시대에 갔다가 온다면 어떨까. 그리고 그들이 소통의 기술인 수사학까지 배우고 온다면 어떨까 하고 생각해본다.

더 나아가 일반인, 보통 사람들도 소통의 기술, 말하는 법이라 할 수 있는 수사학을 배웠으면 한다. 우리 모두 다른 사람과 더불어 살아갈 수 밖에 없다. 인간은 사회적인 동물이기 때문이다. 서로 잘 소통할 수 있는 사회는 현재 우리 사회의 모습보다 더 멋진 사회일 것으로 생각한다.

책임 : 권한과 책임이 함께하도록 가르친다

생선은 머리부터 썩는다.

– 로마 속담

왕관을 쓰려는 자, 그 무게를 견뎌라

"벼는 익을수록 고개를 숙인다."는 속담이 있다. 자신의 지위가 높아질 수록 다른 사람들에게 더 겸손해야 한다는 이야기다. 우리 사회에 일어나고 있는 여러 일을 보면 자신의 지위가 높다는 이유로 다른 사람을 막대한 탓에 발생하는 문제가 많다. 이른바 '갑질 논란'이 심한 편이다. 도대체 이런 일들은 왜 일어나는 것일까.

사회생활을 하다보면 계약서 작성할 일이 많다. 계약서를 보면 갑과 을이 존재한다. 계약서를 쓰고 나면 갑에게는 권리가 생기고, 을에게는 의무가 생긴다. 물론 갑의 입장에서 권리를 지키고 시행하는 것은 나쁜 일이 아니다. 하지만 그만큼 자신에게도 따르는 책임이 있다는 사실을 알고 있는 사람은 얼마나 될까.

우리는 '황제'나 '왕'이라는 단어에 대해서 어떻게 생각하고 있을까. 절대 권력자, 무시무시한 힘, 모든 걸 다 가질 수 있는 사람 등과 같은 이미지를 생각한다. 그러나 황제나 왕에게도 업무가 있었다. 그들이 권력을 가질 수 있었던 건 자신에게 부여된 책무를 제대로 수행했기 때문이라고 생각한다.

많은 사람이 로마 황제를 이야기할 때에 사치와 화려함을 이야기한다. 하지만 이는 극히 일부 황제들에게 국한된 이야기다. 로마의 황제들은 제국을 잘 통치하기 위해서 해야 할 일이 무척 많았다.

그중 가장 중요한 3가지는 다음과 같다.

① 안전보장
② 내치
③ 사회 간접 자본 정비

안전 보장은 로마 제국 내에 있는 시민들이 안전하게 살 수 있게끔 해주는 것을 말한다. 로마 제국의 영향력 아래에 있는 사람이라면 누구나 개인의 안전이 보장된다. 이를 위한 가장 큰 과제는 바로 군사력일 것이다. 국경 지대와 같이 전쟁 발발 위험이 있는 곳에 부대를 배치하고 훈련을 통해 전투를 대비하도록 하는 것이다.

내치는 로마 제국 내에서 발생하는 여러 문제를 효과적으로 해결하고 다른 사람들과 원만한 관계를 유지하며 통치하는 것이다. 로마는 무엇보다 제국의 중심으로 기능하는 도시였다. 로마에 문제가 많으면, 황제 입장에서도 좋지 않다.

사회 간접 자본 정비는 로마식 가도나 수도교와 공공건물을 정비하는 일이다. 신규 건설이 필요한 곳엔 가도를 신설하도록 했다. 이외에도 가도에 금이 가는 등 보수가 필요한 곳은 보수 공사를 하도록 지시했다. 사회 간접 자본은 사람답게 살기 위한 시설이라는 그들의 생각에 맞게 로마 황제는 시민들이 생활하는 데에 불편을 느끼지 않게 해주는 사람과 같았다.

자신이 해야 할 일을 잘 수행하는 황제는 로마 시민과 원로원 의원들에게 환영받았지만, 그렇지 못한 경우에는 좋지 못한 모습으로 물러나야만 했다. 대표적인 사례가 바로 칼리굴라 황제와 네로 황제다. 특히 네로 황제는 기독교도를 탄압한 이미지와 더불어 폭군 중의 폭군인 존재의 이미지를 갖고 있다.

높은 지위에 있는 사람일수록 조심히 행동해야 한다고 생각한다. 말단 직원의 실수와 다르게 높은 지위에 있는 사람의 실수는 가볍지 않다. 본인의 말과 행동이 많은 사람이 관심 갖는 대상이라고 생각해야 한다. 높은 지위에 있는 자신의 잘못은 곧 그 조직의 잘못이 될 수도 있으며, 자신의 실수는 조직은 실수가 될 수도 있다. 한 조직에서 높은 위치를 차지한 만큼, 자신의 잘못된 행동이 조직의 이미지가 될 수도 있다. 높은 지위에 있는 사람이 일으킨 잘못이나 실수에 조직은 피해를 받을 수 있으며 이런 피해는 복구가 되기까지 시간이 걸린다.

이런 일들이 발생하는 이유는 자신이 행사할 수 있는 권리만 생각하고, 책임을 도외시하기 때문이다. 높은 자리에 있는 사람일수록 더 책임감을 갖도록 해야 한다. 자신이 속한 공동체를 위해서 자신이 맡은 임무를 착실하게 수행해야만 한다.

많은 사람은 높은 자리에 올라갈수록 그만큼 더 편할 것으로 생각하기도 한다. 하지만 이는 틀린 말이다. 높은 지위에 있을수록 더 많은 것을 챙기고, 더 많은 일을 해야 한다. 텔레비전 역사 프로그램에서 조선 시대 왕의 일과표를 보여준 적이 있다. 새벽 일찍 시작하여 깊은 밤이 되어서야 끝나는 그들의 일과표를 보면 과연 왕은 어떤 생각을 하고 있을까 하는 마음이 생겼다. 조선 시대에 왕으로서 물론 화려한 옷을 입고 맛있는 음식을 먹을 수 있었을지는 모르지만, 업무가 주는 스트레스는 만만치 않았다고 생각한다.

공동체를 위한 어린 시절부터의 교육

로마인들은 자신이 속해 있는 공동체를 소중하게 생각했다. 공동체의 이익에 부합하는 일이라면 실행에 옮겼다. 가정에서는 아버지가 아들에게 공동체를 위해 희생하거나 훌륭한 일을 한 사람들의 이야기를 들려주었다. 이러한 방법 외에도 삶 속에 좋은 사례가 있다면 후대까지 널리 전파하여 많은 사람이 본받을 수 있도록 노력했다.

그렇다면, 부모님으로부터 이러한 교육을 받고 자란 아이들은 공동체 안에서의 삶에 대해서 더 깊은 생각을 할 수 있지 않았을까.

우리 사회가 점점 개인화되어 가고 있는 추세이니 우리에게도 공동체를 조금 더 생각할 수 있게 해주는 교육이 필요하다고 생각한다. 물론 무슨 일이든 혼자 할 수 있기는 하다. 하지만, 우리가 다른 사람들과 어울리며 함께 무언가를 만들고 이뤄갈 때 가질 수 있는 성취감도 크다고 생각한다. 공동체를 생각하는 마음이 기본적으로 깔려 있어야 나중에 자신이 속한 조직에 갖는 책임감도 생긴다고 본다.

공동체적인 가치에 대해 무지한 사람들이 높은 지위에 있으면서도 본인이 하고 싶은 대로 일을 하니 문제가 발생한다. 자기 혼자 잘 사는 법만 알고, 타인은 신경 쓰지 않는 사람이 나타난다. 자기 직위를 망각한 채 저지른 일이 사회에 어떤 문제를 일으킬 줄 안다면 조심해야 하는데, 그렇지 못한 경우가 많다.

책임감은 어떤 실수를 해서 그에 대한 처벌을 받을 때에만 발휘하는 것이 아니다. 사람들의 평소 행동 하나에서부터 드러나는 것이다. 책임지고 물러난다는 말은 자신이 일으킨 문제를 회피하고 도망가겠다는 말과 똑같다. 자신이 저지른 문제를 모두 수습하고 그 문제 때문에 피해 입은 사람들에게 보상을 해줘야 한다. 하지만 더욱 중요한 것은 평소 행동부터 자신의 책임을 생각하며 일을 해야 한다는 점이다. 특히 다른 사람보다 많은 권리를 갖고 있는 사람일 경우에는 더욱 그렇다.

우리 사회가 점점 개인화되어 가고 있는 추세이니
우리에게도 공동체를 조금 더 생각할 수 있게 해주는
교육이 필요하다고 생각한다.

교양인을 위한 로마인 이야기

권한만큼 중요한 책임, 이것은 공동체가 제대로 유지되기 위해서 꼭 필요한 가치라고 생각한다. 공동체가 가지는 가치를 소중하게 생각한 로마인은 이를 오랫동안 가꾸며 지킬 수 있었다. 하지만 현대 사회는 빠르게 개인화되고 있다. 우리나라에는 1인 가구가 점점 늘고 있으며, 이에 따라 사회 공동체의 의미가 퇴색되고 있다. 이럴 때일수록 타인과 함께 사는 삶을 추구할 필요가 있다. 책임감은 결국 공동체를 향하는 애정에서 나오고, 그 애정은 다른 사람을 생각하는 관심과 사랑이 그 시작이기 때문이다.

깊이 : 지식보다 지혜를 갖춘 인재를 키워라

부는 지혜로운 사람의 노예이자 바보의 주인이다.

— 세네카, 고대 로마의 정치가 · 철학자 · 문인

그리스와는 달랐던 로마의 교육

"아는 것이 힘이다." 영국의 철학자이자 행정가였던 프랜시스 베이컨이 했던 말이다. 모르는 것이 죄는 아니지만 모르면 손해 보는 경우가 많다. 내가 정부로부터 충분히 받을 수 있는 혜택임에도 불구하고 그런 제도가 있는지조차 몰라서 어떤 혜택도 못 받을 때가 많다. 무엇이든 아는 것은 도움이 된다.

하지만 맹목적으로 알려고만 하는 것은 지식 산업 시대를 사는 우리가 피해야 할 자세라고 생각한다. 정보가 넘쳐나는 이 시대에 우리가 세상 모든 지식을 아는 것은 힘들다. 새로운 지식을 배우더라도 몇 개월 지나지 않아 구식이 된다. 변화 속도가 너무도 빠른 시대이기 때문이다.

그렇다면 도대체 이런 시대에 우리는 어떻게 해야 할까. 지식은 넘쳐나고 오늘의 지식이 몇 달 후에는 유물 취급을 받는다. 나는 고대 로마인에게서 이에 대한 답을 찾고 싶다.

"로마는 군사력으로 그리스를 정복했지만, 그리스는 문화로 로마를 정복했다."

위와 같은 말이 있을 정도로 로마는 그리스 문화에 많은 영향을 받았다. 군사력으로는 로마가 훨씬 뛰어났지만, 문화적인 영향력은 그리스를 따라갈 수 없었다. 당시 지중해 세계의 공용어도 그리스어였다. 로마에서는 라틴어와 그리스어를 함께 배워야 했다.

그리스는 셀 수 없이 많은 지식인을 낳았다. 소크라테스, 플라톤, 아리스토텔레스, 제논, 아르키메데스, 히포크라테스 등등. 그리스의 지식인들은 철학, 수사학, 문학, 천문학, 의학과 같은 다양한 분야에서 훌륭한 성과를 이뤘다.

공화정 시기의 로마도 그리스로부터 많은 것을 배웠다. 이는 학교 교육도 마찬가지였다. 하지만, 로마는 그리스의 교육을 그대로 따라 하지 않았다. 로마에도 초등학교와 중학교, 고등학교가 있었다. 다만 당시에 대부분의 사람들은 초등학교까지만 졸업한 뒤에 일자리를 구했다. 관료로 성공하고자 하는 '상류 계층' 학생들은 중등 교육과 고등 교육까지 이수했던 것으로 보인다.

여기서는 로마의 중등 교육 기관이라고 할 수 있는 '문법 학교'에 대해서 이야기하고자 한다. 12~13세 정도 되는 남자아이는 '문법 학교'에 가서 '문법'을 공부하게 된다. 보통 문법이라고 하면 주어와 동사의 배치는 어떻게 하고, 조사는 어디에 넣는지 처럼 글이 가진 규칙을 배운다. 하지만, 문법 학교가 의미하는 문법은 다르다. 그 시대의 문법은 정확한 말하기와 더불어 작가들의 작품 설명을 포함한다. 다시 말하면, 문학과 문법을 문법 학교에 다니는 학생들이 공부했다는 점이다.

학생들은 문학을 배우기에 앞서 문법을 먼저 배웠다고 한다. 『라틴어 수업』의 저자이자 바티칸 대법원 로타 로마나Rota Romana의 한동일 변호사는 라틴어가 무척 어려운 언어라고 이야기했다.

그 이유 중 하나는 동사 하나의 변화가 160여 개에 달한다는 점에 있다. 예를 들어 라틴어 do 동사를 사용할 때, 각각의 경우에 따라 동사가 변한다는 것이다. 능동형이냐 수동형이냐에 따라 다르고, 단수냐 복수냐에 따라 또 다르다. 그리고 현재, 미완료, 미래, 단순과거, 과거 완료, 미래 완료로 구분이 된다. 그런데 여기서 1인칭, 2인칭, 3인칭을 의미할 때 각각의 경우마다 동사가 변화된다. 이렇게 어려운 문법을 공부했던 중학생들은 어떤 느낌이었을까.

그래도 다행인 것은 그 복잡한 문법을 달달 외우지는 않았다는 점이다. 중요한 문법을 공부하고 교사 및 다른 학생들과 토론하며 익힌 다음에 문학 공부가 시작되었다. 까다로운 문법을 넘기고 재미있는 이야기를 접할 수 있는 문학이라면 누구든지 공부할 수 있을 것 같다는 생각이 든다. 하지만, 꼭 그런 것만은 아니었던 것 같다. 문학 교육은 철저했기 때문이다.

문법 교사가 읽으면 학생들이 따라 읽는다. 이때는 억양이 중요했다. 말의 억양에 따라 느낌이 달라지듯이 글의 내용을 전달할 수 있는 억양으로 읽어야 했다. 그 후에는 교사가 해설을 한다. 어원이나 문법에 대한 설명을 하고, 관련된 역사, 신화, 철학, 과학 등의 이야기를 덧붙인다. 학생들은 모두 필기하고 암기해야 했다.

이후에는 토론을 한다. 읽었던 부분에 대한 본인의 생각을 이야기한다. 그리고 작가의 서술 기법 평가나 해당 작가와 다른 작가를 비교하는 토론도 이뤄진다. 거기에 자신이 학습한 내용을 줄여서 다시 표현해보고, 자신이 했던 말을 다르게 표현할 수 없는지 고민해본다. 이런 여러 과정을 본 뒤에 학생들의 성적을 매긴다.

사실 로마의 교육은 그리스의 교육에 비해서 폭이 좁았다. 그리스에서는 무용, 음악, 과학, 철학 과목도 중요하게 생각했지만, 로마의 학생들은 그런 과목을 취미로 각자 알아서 배워야 했다. 다시 말해서 선택 과목이었던 것이다. 대신에 로마의 학생들은 그리스어 문법과 라틴어 문법을 익히는 것과 동시에 고대의 여러 작품을 철저하게 읽고 분석해야 했다. 우리나라의 학생들이 여러 과목을 공부하는 것과 다르게 과목의 폭이 너무 좁은 것은 아닌가 하고 생각할 수 있다. 문법과 문학만 깊게 공부하는 것이 도움이 될까?

박물관museum의 기원을 찾아서

하지만 관점을 바꿔 볼 필요가 있다. 로마의 중학생은 문법과 문학을 철저하게 공부했다. 언어가 가지는 힘은 단순하지 않다. 언어에는 그 민족이 가지고 있는 문화, 역사, 철학이 녹아 있다. 또 그 안에 수많은 이야기가 있다.

조승연 작가의 『이야기 인문학』에는 박물관을 뜻하는 단어 'museum'의 어원이 나와 있다. 고대 그리스인들은 사람들의 몸에 들어가 사람을 노래 부르게 하거나 춤을 추게 하는 9명의 귀신이 있다고 믿었는데 이들을 'Muse뮤즈'라고 했다. 뮤즈가 들어야만 할 수 있는 것이 음악 공연이라고 생각해서 음악을 'Music뮤직'이라고 불렀다고 한다.

후에 이집트의 수도인 알렉산드리아에서 프톨레미라는 사람이 인도, 이집트, 바빌론의 여러 사람이 쓴 악보, 대본 등을 알렉산드리아 도서관으로 모았다. 그리고 수많은 예술가 지망생을 모아 예술 공부에 매진할 수 있도록 하였다. 프톨레미는 이 학교를 고대 그리스 예술의 신인 뮤즈Muse에게 바친다는 의미로 '뮤즈의 신전', 다시 말해 '뮤제이온Museion'이라고 불렀다.

기원전 1세기에 이집트는 다시 로마의 지배하에 들어가게 된다. 당시 로마인은 '뮤지이온'을 로마식으로 바꿔 'Museum뮤지엄'이라고 불렀다. 그리고 뜻은 '뮤즈의 신전'에서 '예술 학교'로 변경했다. Museum뮤지엄이 박물관이라는 뜻을 갖게 된 것은 18세기 프랑스 혁명 이후였다. 당시 혁명 정부는 "이제 민주주의의 시대가 왔으니 시민이라면 누구나 예술을

언어가 가지는 힘은 단순하지 않다.
언어에는 그 민족이 가지고 있는 문화, 역사, 철학이 녹아 있다.
또 그 안에 수많은 이야기가 있다.

즐길 수 있다."고 얘기했다. 그리고 루브르궁에서 "알렉산드리아의 뮤지엄'과 같이 최고의 미술작품을 감상할 수 있다고 설득했다.

'muse'라는 단어에서 'museum'까지. 어원 속에 담긴 이야기를 안다는 것은 오랜 세월 동안 사람들 사이에서 누적된 지혜를 얻는 길이 아닐까?

로마의 학생들이 읽었던 라틴어 교재 중에는 고대 그리스인 호메로스가 쓴 『일리아스』도 있었다고 한다. 그 작품 속에 적혀있는 단어의 어원을 파악하고, 이야기 속에서 알 수 있는 철학, 과학, 신화 등을 공부했을 것이다. 단순히 한 번 읽고 지나가는 것이 아니라 철저하게 공부했을 것이다. 로마 학생들은 문학과 문법에 대해 깊이 있는 공부를 했던 것이다.

로마인은 그리스의 교육을 따라가지 않았지만, 문학을 철저하게 공부하면서 보다 지혜로운 인재를 육성하고자 했다. 문학에는 사람의 이야기가 담겨 있고, 이야기를 철저하게 익혀 지혜를 배울 수 있기 때문이다.

단순히 아는 것보다 중요한 것은 내용을 이해하고 자신만의 통찰을 갖는 것이다. 지식 정보화 사회일수록 맹목적인 지식을 추구하지 말고 지혜를 추구해야 한다. 어떻게 해야 할지 궁금하다면, 철저한 문학 공부를 통해서 지혜를 추구한 로마인을 참고해보도록 하자.

현장 : 이론보다 직접 경험이 중요하다

인내는 쓰지만 그 열매는 달다.

– 장 자크 루소, 프랑스 출신 철학자

작은 로마 '속주'의 통치 경험

사무실에 앉아서 보고서 작성을 위해 자료를 찾아보고 있었다. 같은 부서 과장의 휴대 전화가 울렸다. 외주 업체로 외근 나간 동료 직원에게서 걸려온 전화였다. 외근 중인 동료는 업체에서 제작 중인 금형에 대하여 이것저것 설명하였고, 과장은 동료가 이해할 수 있게 설명을 해주면서도 답답해했다. 그리고 그 금형에 대하여 설명해주고, 금형에 있는 어느 부분을 확인해보라고 지시하였다. 사무실에 앉아 있으면서도 외근 중인 직원보다 현장을 더 잘 알고 있는 것처럼 보였다.

10년 가까이 개발 업무를 해왔던 그의 현장 경험을 그대로 볼 수 있었다. 오랜 시간 동안 얼마나 많은 금형을 제작하고, 얼마나 다양한 시제품을 생산해왔을까. 현장에서의 오랜 경험이 그를 능력 있는 사람으로 바꾸었다는 생각이 들었다.

4년제 상경계 대학교를 졸업한 나에게 현장은 어떤 의미였을까. 사무직 사원은 현장의 전체적인 흐름만 알고 있으면 된다고 생각했다. 그리고 본연의 업무인 사무 업무에 집중하면 된다고 생각했다. 하지만 그 생각은 첫 번째 직장에 들어갔을 때부터 완전히 무너졌다.

나는 첫 번째 회사로 경남 창원에 있는 백색 가전 제조업 회사에 취직하게 되었다. 내가 속했던 부서는 기획원가팀이었다. 처음 입사한 후에 선배들의 일하는 모습을 바라보았다. 그리고 이 업무는 엑셀에 수식을 걸어 예쁘게 그래프를 만들어 보고하는 것만으로도 잘할 수 있는 업무라고 생각했다. '이거 별거 아니네.'라고 여겼었다. 하지만 선배들을 따라 들어간 회의에서 그 생각은 산산조각이 났다. 심각하게 무언가를 이야기하시는데, 나는 도대체 무슨 말인지 알 수 없었다. 분명히 같은 회사를 다니고 있는데, 나는 별나라에서 온 존재 같았다. 그렇다. 나는 현장 상황에 무지했기에 선배들과 회의에 참여한 다른 분들의 말을 전혀 이해하지 못했던 것이다.

그 후로는 틈날 때마다 현장으로 내려갔다. 플라스틱 원재료가 거대한 기계를 거쳐서 얇은 플라스틱 시트로 변신하는 것을 보았다. 그리고 플라스틱 시트는 프레스 금형으로 찍혀서 특정 형상으로 바뀌었다. 그 위에 여러 가지 부품들이 조립되기 시작했다. 그리고 마지막에는 냉장고가 한 대 만들어져 나왔다.

그렇게 나는 현장을 돌아다니면서 하나의 제품이 완성되는 과정을 지켜봤다. 원가에서 중요한 C/T사이클 타임을 직접 측정해보기도 했다. 완성된 제품이 다시 어떤 과정을 거쳐 고객사로 전달되는지도 확인했다. 현장에서 일하는 사람들과 얘기하며 어떻게 하면 원가를 절감할 수 있는지도 고민해보았다.

나는 그런 과정을 거치고 난 후에야 달라질 수 있었다. 원가계산서가 적힌 엑셀 파일에는 수많은 수식이 있어 복잡했다. 하지만 현장을 확인하고 난 뒤에는 그 수식이 이해되기 시작했다. 머리 싸매고 사무실에 앉아서 엑셀 파일을 뚫어져라 보기만 했을 때는 알 수 없었다. 하지만 현장을 알게 된 후에는 쉽게 이해할 수 있었다.

오래전 인물인 로마인들도 현장 경험을 중요하게 생각했다. 그들에게 있어 현장이란 군대였다. 정치계에서 성공하고 싶다면 군단에서 성과를 내는 것이 유리했다. 군단에서의 성과는 눈에 보이기 때문에 시민들의 지지를 받을 수 있다는 장점이 있기도 했다.

로마의 귀족 출신 자제들은 성인이 되면 군단 경험을 하도록 했다. 유능한 지휘관 밑에서 배우며 하급 장교로서 실전 경험을 쌓도록 한 것이다. 군단 내에서 열리는 군사 회의에 참석하고, 같은 부대에 소속된 부대원들과 함께 훈련하는 과정에서 많은 경험을 할 수 있었다. 그리고 실제 전투에도 참가하기도 했다. 어려서부터 하게 되는 이런 실전 경험이 그들에게 큰 경험으로 다가오지 않았을까 하는 생각이 든다.

1인 황제가 지배하는 시대가 된 이후, 황제가 된 사람들의 면모를 한 번 살펴보면 1가지 특이한 점을 찾아볼 수 있다. 일부 예외는 있을 수 있지만, 많은 황제가 군단 경험을 했다는 점이다. 군단장 경험을 거치고 난 뒤, 속주 총독까지 지낸 사람들이 황제의 자리에 많이 올랐다. 네로 황제 이후 혼란기를 겪던 로마를 진정시킨 베스파니아누스 황제도 그랬고, 5현제 시대 황제 중 1명인 트라야누스 황제도 그랬다.

보통 군단장을 거치면서 능력을 인정받는 사람은 속주 총독의 자리에 추천받게 된다. 속주 안에는 여러 도시와 이를 지키기 위한 군단 기지가 있다. 이쯤에서 우리가 짚고 넘어가야 할 사실 하나가 있다. 제국의 변방에 있는 속주이지만, 사실 그 자체로 작은 '로마'였음을 기억해야 한다. 로마는 속주에도 자신들의 가도를 깔았을 뿐만 아니라 사람의 생활에 필요한 여러 가지 사회 간접 자본을 건설했다. 그래서 목욕탕, 신전, 경기장, 수도교, 포럼과 같은 시설들이 똑같이 지어졌다.

속주를 다스린다는 것은 곧 작은 '로마'를 다스리는 것과 같았다. 그래서 속주 총독으로서 좋은 성과를 낸 인물에 대한 평가는 좋았다. 그리고 이 평가는 로마 제국의 황제가 될 수 있는 후보군에 들어갈 수 있음을 의미하기도 했다. 다키아 지방_{현재의 루마니아}을 정복하여 로마 영토를 사상 최대로 넓힌 트라야누스 황제도 군단장을 거쳐서 속주 총독을 역임했다.

로마에는 '5현제 시대'로 불리는 시절이 있었다. 말 그대로 5명의 훌륭한 황제들이 제국을 잘 다스렸던 시기였다. 5명의 황제를 순서대로 이야기해보면, 네르바-트라야누스-하드리아누스-안토니우스 피우스-마르크스 아우렐리우스 황제다. 5현제 시대의 2번째 황제로 꼽힐 정도로 트라야누스는 로마를 잘 이끌었다. 원로원과 소통하면서 그들과 함께 나라를 이끌었고, 빈민 계층 자녀 복지 정책을 시행하기도 했다. 또한 그는 외적으로도 로마 영토를 넓혔다. 대표적인 예가 다키아 지방 정복이다. 그 모습은 현재 로마 시내에 있는 통일 기념관 옆쪽 트라야누스 원주에 새겨진 그림으로 확인 가능하다.

트라야누스 황제의 업적은 5현제 시대의 여러 황제 중에서도 으뜸이다. 트라야누스 황제가 좋은 평가를 받을 수 있었던 것은 군단장에서부터 속주 총독에 이르기까지의 현장 경험이 있었기 때문이라고 본다.

회사에서 가끔 현장을 밑바닥이라고 보면서 경시하는 사람들을 볼 수 있다. 자신과는 무관하다고 생각한다. 하지만 사무실이 회사의 두뇌라고 한다면, 현장은 우리의 신체와도 같다. 사무실에서 설계하고, 기획하고, 계획했던 일들은 현장을 통해서 현실화된다. 다른 사람들의 눈에 보일 수 있게 되는 것이다.

현장에 있는 많은 문제는 곧 회사가 안고 있는 문제들이기도 하다. 이것을 보지 못하는 것은 관심이 없어서이다. 관심을 갖고 보면 문제가 보이고, 개선할 수 있는 방안이 나오는데, 관심이 없다면 항상 그 자리일 뿐이다.

고려 말과 조선 초를 살았던 정도전의 이야기를 잠깐 해보겠다. 정도전은 젊은 관리 시절, 원나라 사절을 마중하는 업무를 거부했다는 이유로 전라도 나주로 유배를 가게 된다. 그곳에서 그는 백성들의 이야기를 들으며 백성을 위한 정치를 하겠다는 결심을 한다. 그리고 그의 민본사상은 그가 그린 조선의 설계도에 그대로 드러난다. 전라도 나주에 있는 백성들의 생활 현장에서 얻은 깨달음이 그의 정치 경력에 큰 도움을 준 것이다.

현장은 곧 우리의 삶이 펼쳐지는 곳이고, 우리 생활의 중심이 되는 곳이다. 그곳에서 우리가 겪는 일이 중요하지 않다면, 우리는 스스로 부정하는 것과 똑같지 않을까. 현장 경험을 중요하게 생각했던 로마인을 생각해보자. 현장에서의 경험은 우리를 발전시킬 수 있는 기회를 준다. 무엇인가 새로운 아이디어를 생각하는 일이 잘 되지 않는다면 현장으로 한번 가보는 것은 어떨까. 현장이 당신에게 답을 줄 것이라 생각한다.

로마의 목욕 문화

　로마 시내를 돌아다닐 때 많이 볼 수 있는 유적지가 바로 목욕탕 유적지다. 디오클레티아누스 황제의 욕장도 있고, 카라칼라 황제의 욕장도 있다. 단순한 목욕탕이라고 하기엔 규모가 크다. 바닥에는 모자이크처럼 타일을 붙여 만든 그림도 있다. 로마 시대의 목욕탕은 단순히 목욕탕의 기능만 하지 않았다. 목욕탕은 곧 사교 모임 장소였다. 하루 일과를 마치고 온 사람들은 그곳에서 운동도 하고 게임도 했으며 독서도 했다. 다른 사람들과 함께 여러 활동을 하며 하루의 스트레스를 푸는 장소였다.

교양인을 위한 로마인 이야기

CHAPTER
IV

학문 : 로마인들은 어떻게 생각하고 연구했는가?

24_ 영혼 : 책 없는 방은 영혼 없는 육체와도 같다

25_ 의지 : 때와 장소를 가리지 않고 읽어라

26_ 멘토 : 책 속에서 오래전 현자를 만난다

27_ 넓이 : 책은 우리의 경험을 확장시킨다

28_ 투자 : 빚을 내서라도 책을 사라

29_ 고전 : 고전에서 답을 발견하다

30_ 끈기 : 고전을 읽어야 하는 세 가지 이유

31_ 철학 : 책은 사색과 생각의 도구다

영혼 : 책 없는 방은 영혼 없는 육체와도 같다

책 없는 방은 영혼 없는 육체와도 같다.

– 마르쿠스 툴리우스 키케로, 고대 로마의 정치가 · 문인

로마 지식인들도 책을 읽었을까?

몇 년 전에 있었던 일이다. 40일간 유럽 여행을 다녀온 후에 나는 내 방으로 돌아왔다. 창문을 열고 바깥 공기를 느끼다가 방안을 둘러봤는데, 뭔가 이상했다. 무엇인가 없어졌다. 그것은 내 책들이었다. 대학교 시절, 그리고 직장 생활을 하면서 틈틈이 사서 읽고 보관해왔던 책이 없어졌다. 어디로 갔을까?

범인은 내 동생이었다. 내가 집을 비운 사이에 내 책을 중고책방에 팔았다는 것이다. 40권 정도 되는 책이었다. 지금 생각해보면 많은 책은 아니다. 그러나 당시 나는 너무나 허탈했다. 그때 나에게는 버킷리스트가 하나 있었다. 나만의 서재를 꾸미는 것.

로마인도 서재를 가지고 있었을까? 당시 책은 매우 비쌌다. 그때의 책은 이집트에서 생산되는 파피루스 두루마리로 만들어졌다. 그리고 인쇄 기술이 없었기 때문에 노예들이 필사를 해서 직접 글을 적었다. 독서는 비싼 취미였다.

하지만 그런데도 일부 지식인은 책을 열심히 읽었다. 스티븐 그린블랫이 쓴 『1417년, 근대의 탄생』이라는 책을 보면, 화산재로 뒤덮여 사라져버린 도시에서 발견된 한 지식인의 개인도서관이 등장한다.

서기 79년, 이탈리아 남부에 있는 베수비오 화산이 폭발한다. 그리고 그 화산에서 나온 먼지와 화산재로 도시 하나가 통째로 사라져버린다.

그 도시는 나폴리 인근의 '폼페이pompeii'였다. 이 이야기는 영화 〈폼페이, 최후의 날〉로 나오기도 했다. 베수비오 화산은 폼페이라는 도시 하나만 집어 삼킨 것이 아니었다. 그 인근의 다른 도시들도 피해를 입었다. 나폴리만Golpo di Napoli에 있었던 헤르쿨라네움Herculaneum도 그중 하나였다. 헤르쿨라네움도 폼페이와 마찬가지로 화산재 속에 뒤덮여 있다가 발견되어 세상에 알려졌다.

부유한 로마인들은 자신의 저택이나 시골의 빌라, 휴양지의 별장 등에 개인 도서관을 짓곤 했다. 헤르쿨라네움에도 로마인이 별장을 짓고 개인 도서관을 만들었다. 그 도서관에서 발견된 파피루스는 대부분 읽을 수 없는 상태였다. 하지만 발견된 양을 고려하면 교양이 높은 사람이라고 추측할 수 있다.

고대 로마 최고의 문인, 키케로

로마에서 독서를 제일 많이 했던 사람은 누구였을까? 사실 이에 대한 기록은 없어서 정확하게 누구라고 딱 집어서 말할 수가 없다. 하지만 '이 사람이 아닐까?' 하고 짐작이 가는 사람이 한 명 있다. 바로 마르쿠스 툴리우스 키케로Marcus Tullius Cicero다.

그는 고대 로마 공화정 말기의 정치가이자 변호사, 그리고 문인이었다. 그는 로마에서 태어나지도 않았고, 귀족 계급도 아니었다. 하지만 그의 집안은 경제적으로 풍족했다. 키케로는 어려서부터 먹을 걱정하지 않으며 공부를 할 수 있었다. 그뿐만 아니라 키케로는 변호사로서 성공하며 정치계에 발을 들여놓았다. 로마 공화정 말기의 정치가 카이사르와 친하게 지내지만 정치적 성향은 달랐다. 카이사르가 1인 중심의 정치 체제를 원했다면, 키케로는 원로원 중심의 공화정을 원했다. 폼페이우스와 카이사르가 대립하던 때, 키케로는 공화정의 안정을 꾀하기 위해 화해를 촉구하지만 결국 내전이 시작되고 만다. 결국 그는 고뇌 끝에 폼페이우스 쪽을 선택했다. 내전에서 승리한 카이사르는 키케로에게 어떤 책임도 묻지 않았으나, 카이사르 사후 카이사르의 부하였던 안토니우스에 의해 죽음을 당한다.

그는 허무하게 죽었지만, 그가 남긴 글들은 우리 곁을 맴돌고 있다. 고대 로마에서 글을 썼던 작가 중에 최고라고 할 수 있다. 르네상스 초기의 수많은 학자와 예술가들도 키케로의 글을 베끼고 필사하며 고대 로마의 문헌 탐구에 집중했다.

지금의 우리에게는 책보다 재미있는 것이 많다

그가 뛰어난 작가가 될 수 있었던 것은 그가 책을 항상 가까이하고, 책 읽기를 중요하게 생각했기 때문이다. 그가 남긴 말 중에 이런 말이 있다.

그가 뛰어난 작가가 될 수 있었던 것은
그가 책을 항상 가까이하고,
책 읽기를 중요하게 생각했기 때문이다.

"책 없는 방은 영혼 없는 육체와도 같다."

이 문구를 읽고 사람과 책의 관계에 대해서 생각해봤다. 사람에게 책은 무엇이고 책은 사람에게 어떤 의미일까? 삶을 돌이켜 봤을 때, 나에게 있어서 책은 여러 가지 의미를 가지고 있다. 중·고등학교 학창 시절에 책은 나를 새로운 세상으로 안내하는 지도와 같았다. 호기심 많은 나이에 나는 재미있는 소설을 읽으며 상상의 나래를 폈다. 대학교 시절에 책은 나의 지식 충전소였다. 궁금증이 생길 때마다 도서관을 찾았고 책에서 답을 찾았다.

책은 우리에게 많은 것을 가져다줄 수 있다. 하지만 많은 사람이 책을 가까이하지 않는 것 같아 서글프다. 왜 사람들은 책을 가까이하지 않는 것일까? 사실 나도 책을 멀리 했던 때가 있었다. 한창 컴퓨터 게임에 빠졌을 때, 나는 퇴근 후에 항상 컴퓨터 앞에 앉아서 게임을 하다가 잠을 자곤 했다.

사실 책 외에도 우리 사회에서 즐길 거리가 너무 많기도 하다. 매달 재미있는 영화가 영화관에서 상영된다. 내가 좋아하는 가수의 콘서트도 보러 가야 한다. 요즘 드라마 속에서는 매력적인 남녀 주인공들이 흥미진진한 스토리를 엮어낸다. 주말이면 친구들과 함께 펜션을 예약하고 바닷가에 놀러 가기도 한다. 바비큐 파티를 하고 바닷물에 몸을 담그며 추억을 만든다. 책 읽기를 대체할 수 있는 활동이 이렇게 많다. 때문에 사람들은 독서를 우선순위에서 밀어놓고 있다.

독서가 우리에게 주는 것들

하지만 보다 나은 미래를 살고 싶은 욕망이 있는 사람에게 독서만큼 좋은 활동은 없다. 독서를 많이 한다고 해서 성공하는 것은 아니지만, 성공한 사람들은 대부분 독서를 많이 했다. 고대의 로마인 중에 가장 유명한 사람을 꼽자면 율리우스 카이사르를 꼽을 것이다. 그도 역시 독서를 많이 했다. 조선 시대의 성군 세종대왕도 마찬가지다. 너무 많이 읽어서 시력이 나빠져도 책 읽기를 멈추지 않았다. 그리고 빌 게이츠는 현재의 자신을 만든 것은 동네에 있었던 도서관이라고 이야기했다.

독서는 우리 삶의 부족한 부분을 채워줄 수 있는 훌륭한 도구이다. 부족한 지식을 채워줄 수 있다. 이를 통해 우리는 보다 똑똑해진다. 그리고 잃어버린 감수성을 채워주기도 한다. 에세이집에서 나오는 따뜻한 문구, 마음을 움직이는 시 속의 단어와 소설 속의 대화들. 이들을 접하면서 우리는 때로는 미소를, 때로는 눈물을 흘린다.

그리고 독서를 통해 우리는 우리 속의 또 다른 나와 대화를 한다. '카이사르는 저렇게 행동했는데, 나는 왜 그렇지 못한 걸까.', '빌 게이츠의 저런 점은 나도 본받아야겠다.'와 같이 우리는 책을 통해 지금보다 나은 삶을 향해 한 걸음씩 나아갈 수 있는 것이다.

사실 우리는 책이 없어도 충분히 살아갈 수 있는 사회에 살고 있다. 굳이 책을 사지 않더라도 인터넷 검색을 통해서 원하는 자료를 찾아볼 수 있는 시대다. 하지만 지금의 모습보다 더 나은 삶을 원한다면 책을 읽어야 한다. 우리가 먹는 음식은 우리의 몸을 살찌우겠지만, 우리가 읽는 책은 우리의 마음과 정신을 살찌운다.

책을 멀리하지 말고 항상 가까이 두고 읽었으면 한다. 책을 방 안에 두지 말고 바로 내 옆의 책상이나 테이블 위에 두자. 아니면 손에 항상 들고 있는 것도 좋다. 책은 우리와 가까울수록 좋다. 책을 통해 많은 것을 얻고 배우고 익히며 어제보다 나은 하루를 살아가자. 책을 읽는 사람과 책을 읽지 않는 사람의 차이는 드러나게 되어 있다. 책이 없는 방은 영혼 없는 육체와 같고 독서를 하지 않는 삶은 영혼 없는 삶과 같다. 영혼을 살찌우는 독서를 통해 하루하루 발전하는 삶을 만들어가자.

의지 : 때와 장소를 가리지 않고 읽어라

인간의 마음은 어떤 생각을
자주 하느냐에 의해 그 모양을 갖춰간다.
인간의 영혼과 정신은 생각에 의해 착색이 되기 때문이다.

– 마르쿠스 아우렐리우스, 고대 로마의 황제·철학자

책을 읽기 위한 '적당한' 장소는 없다

5년 전이었다. 친하게 알고 지내던 형과 나는 등산을 하러 갔다. 등산 모임에서 만난 여러 사람과 함께 갔다. 등산을 하러 가는 버스 안에서 그동안의 안부를 묻고 오늘 오를 산에 대해 이야기했다. 대화가 잠시 끊기자, 형은 다른 좌석에 있는 지인들에게 인사를 하러 갔다. 나는 가방 속에서 책을 꺼내서 읽기 시작했다. 형이 돌아와서는 이렇게 이야기했다.

"너 뭐하냐? 산에 가면서 책을 들고 오는 사람은 처음 본다."

난 버스를 타고 이동하는 시간이 길어서 그사이에 책을 읽으려고 했을 뿐이었다. 형은 같은 등산모임의 인원들에게 책을 들고 등산가는 사람이라고 나를 소개했다. 나는 이상한 사람이 되었다.

지금 생각해보면 형의 입장이 이해도 된다. 나는 등산모임에 처음 가는 것이었기에 몰랐다. 대부분의 사람들은 가방에 여벌의 옷과 다른 인원들과 함께 나눠 먹을 음식을 챙겨왔다. 그런데 나의 가방에는 책 한 권과 모자 하나가 전부였다.

하지만 아무리 그렇다고 해도 등산가는 버스 안에서 책을 읽으면 안되는 것일까? 나는 읽어도 된다고 생각한다. 책은 언제 어디서든 읽어도 된다. 책을 읽는 것은 그만큼 우리에게 도움이 된다. 사람들은 언제 어디에서 책을 읽을까? 학생들은 학교에서 많이 읽을 것이고, 직장을 다니는 어른들은 집이나 인근의 카페에서 책을 읽을 것이다. 잘 읽는 장소는 있을 수 있지만, 기본적으로 책을 읽을 수 있는 장소는 다양하다.

영화평론가 이동진은 텔레비전 예능 프로그램 〈어쩌다 어른〉에 나와서 자신이 책을 읽는 장소에 대해서 이야기를 했다. 바로 욕실이었다. 몸을 물속에 넣고 손을 욕실 밖으로 내밀어 한 페이지씩 넘기며 책을 본다는 것이다. 그곳에서 보는 것이 너무나도 좋아서 길면 서너 시간씩 책을 읽는다고 한다.

손과 눈만 있으면 어디서든 독서가 가능하다

주말에 나는 가급적이면 운전을 하지 않으려 한다. 어딘가로 가야 할 때에도 가급적이면 대중교통을 이용한다. 운전을 하면 두 손과 두 눈이 일해야 한다. 하지만 대중교통을 타면 다르다. 나의 두 눈과 두 손은 책을 위해서 일한다.

나는 지하철에 서서도 책을 읽는다. 위험해 보일지 모르지만, 두 다리로 중심을 잡고 서 있으니 안전하다. 가끔 급정거나 급출발 시 무게 중심이 흐트러질 때도 있지만, 시간이 지나고 적응이 되니 서서 책을 읽는 것이 이제 어렵지 않다. 물론 자리에 앉아서 보는 것이 편하고 좋다. 하지만 지하철은 워낙 많은 사람이 이용하기 때문에 항상 앉아서 가기는 어렵다. 지하철에서 때에 따라서는 서서 읽는 것도 괜찮다고 생각한다.

'많은 사람이 오가고 흔들리는 지하철 안에서 집중하면서 책을 읽을 수 있는가?'라는 질문도 나올 수 있겠다. 물론 지하철은 흔들리고 사람들은 왔다 갔다 한다. 그럼에도 불구하고 책을 읽을 수 있다. 두 손과 두 눈이 있으니 말이다.

많은 사람이 책 읽기를 어려워한다. 책을 읽기 전에 우선 집중할 수 있는 환경을 만든다. 책상 위를 청소하고, 불필요한 물건은 버린다. 샤워를 통해서 몸을 깨끗이 한 후에 커피 한 잔을 탄다. 그리고 커피와 함께 의자나 거실의 소파에 앉는다. 그제야 테이블 위에 있던 책을 손에 든다. 굳이 그럴 필요가 있을까? 복잡하게 생각할 필요 없다. 읽으려고 하는 책을 집어 들고, 한 페이지씩 넘기면서 읽으면 된다.

이 세상의 어느 누구도 언제 어디서 책을 읽어야 한다고 정해주지 않았다. 각자 본인이 읽고 싶은 시간에 읽으면 된다. 책 읽기의 힘은 크다. 그렇다고 해도 책을 신성하게 대할 필요는 없다. 책은 책일 뿐, 그 이상 그 이하도 아니다. 책을 제대로 읽기 위해서 사전 준비를 할 필요가 없다. 시간을 정해서 읽을 필요도 없다. 틈나는 대로 책을 읽으면 된다. 엘리베이터 앞에서도 책을 읽을 수 있다. 지하철 안에서도 책을 읽을 수 있다. 산에서도 책을 읽을 수 있다.

이 세상의 어느 누구도
언제 어디서 책을 읽어야 한다고 정해주지 않았다.
각자 본인이 읽고 싶은 시간에 읽으면 된다.
책 읽기의 힘은 크다.
그렇다고 해도 책을 신성하게 대할 필요는 없다.

Chapter IV 학문: 로마인들은 어떻게 생각하고 연구했는가?

로마인들은 목욕탕, 전쟁터에서도 책을 읽었다

로마인은 여러 가지 장소에서 책을 접할 수 있었다. 첫 번째 장소는 학교다. 사실 이 학교의 형태에 대해서도 살펴볼 필요가 있다. 로마의 초등학교는 야외였다. 쉽게 말해서 길거리였다. 길거리에서 책을 읽고 수업을 들었던 것이다. 초등학교 이후 중학교, 고등학교로 가게 되면 길거리가 아닌 건물 안에서 수업을 하게 된다.

두 번째 장소는 집이었다. 물론 당시의 책은 무척 고가였기 때문에 일반인들이 쉽게 구하지 못했을지도 모르겠다. 대신 지식인 계층의 집에는 책들이 잘 정리되어 있었다. 부유한 로마인들은 개인적으로 빌려온 책을 필사하기 위해 사람을 고용하기도 했다고 한다. 이런 책들은 개인 서재에 보관되어 읽히고 또 읽혔다.

세 번째 장소는 공공도서관이었다. 로마 시대의 여러 사회 지도층 인사들은 도시에 공공건물을 지어 기증했다. 그중 대표적인 것이 목욕탕이었다. 갑자기 목욕탕이라니? 당시에는 공공도서관이 주로 목욕탕에 지어졌다. 사람들은 요즘 찜질방에 와서 찜질만 하는 게 아니라 목욕도 하고, 친구들과 게임도 하고, 운동도 한다. 얼마 전에 갔던 찜질방에는 책을 읽기 위한 작은 도서관도 마련되어 있었다. 당시의 목욕탕은 오늘날의 '문화센터'와 같은 역할을 한 곳이었다. 목욕탕에는 목욕을 위한 욕탕

말고도 다양한 시설이 있어서 많은 시민이 이용할 수 있었다. 당시의 욕장 입장 요금은 매우 저렴했다. 목욕을 하고 나서 공공도서관에서 독서를 하는 것도 가능했을 것이다. 지금 로마에 가면 디오클레티아누스 황제 욕장과 카라칼라 황제 욕장의 유적을 볼 수가 있다.

로마의 황제나 장군이 전쟁터에서 책을 읽었다는 기록은 본 적이 없다. 그러나 카이사르 이후 로마에는 우편배달 제도가 정착된다. 하루 정도를 달려가면 닿을 수 있는 장소마다 사람과 말을 바꿀 수 있는 교환소가 배치되어 있었다. 로마 가도를 따라서 우편 마차가 오갔다. 우편 마차에는 파피루스 두루마리로 된 공문서 외에도 병사들에게 전달되는 편지나 소포도 있었다. 여러 소포 중에 충분히 책도 있었을 법하다.

물론 적과의 대치 상황이 이어질 때, 로마인들이 책을 읽진 않았을 것이다. 하지만 전쟁터에서도 전투가 소강상태에 들어갈 때가 있기 마련이다. 게다가 적이 퇴각하여 당장 눈앞의 위험이 사라질 때도 있다. 그럴 때마다 책을 읽는 로마인들이 있지 않았을까 상상해본다. 율리우스 카이사르나 마르쿠스 아우렐리우스처럼 전쟁터에서 책을 쓴 사람도 있는데, 책을 읽은 사람이 없었을까?

그렇다. 전쟁터에서도 책을 읽을 수가 있다. 그런데 지하철에서나, 산행 가는 버스에서, 책을 읽는 게 무슨 대수라고 할 수 있을지 모르겠다.

독서하는 것이 무슨 대단한 일처럼 생각할 일인가. 모든 것은 본인 의지의 문제이지, 밖의 환경을 탓하면 안 된다. 독서는 결국 습관이다. 어느 곳에서라도 책을 읽을 수 있다고 생각하고 실천하면 안 되는 것은 없다.

책 읽기를 습관화하기 위한 좋은 방법 중 하나는 바로 늘 책을 가지고 다니는 것이다. 나는 항상 책을 두세 권씩 가지고 다닌다. 책을 많이 읽기 위해서는 책과 가까이 있어야 한다. 책을 그냥 가방 안에 넣고만 다니지 말고, 손에 들고 다니는 것은 어떨까? 손에 들고 다니면, 그만큼 읽게 될 확률이 높다. 가방에 있는 책은 꺼내야 하는 번거로움이 있지만 손에 있는 책은 그냥 펼치기만 하면 된다.

이렇게 항상 책을 갖고 다니면서 언제든 책을 읽을 수 있다고 생각하자. 습관이 되면 당신은 책을 자주 보게 될 것이다. 독서 습관은 당신을 변화시키는 하나의 길이 된다.

멘토 : 책 속에서 오래전 현자를 만난다

좋은 책을 읽는 것은 과거 몇 세기의
가장 훌륭한 사람들과 이야기를 나누는 것과 같다.

– 르네 데카르트, 프랑스의 철학자

책을 통해 사람을 만나다

우리는 살아가면서 수많은 책을 만난다. 어떤 책은 그냥 지나쳐 가지만 다른 책은 두세 번씩 나의 눈과 손을 거쳐 간다. 어떤 사람들은 책을 읽고 무엇인가를 깨닫고 새로운 삶을 살기 시작한다. 어떻게 책 한 권으로 인간의 삶이 바뀔 수 있을까? 충분히 가능하다. 모든 책은 사람에 대한 이야기를 담고 있기 때문이다.

로마인이 즐겨 읽었던 『오디세이아』에 보면 이런 이야기가 나온다. 주인공 오디세우스가 트로이를 정벌하기 위해 자신의 나라를 떠나기 전, 자신이 자리를 비웠을 때 자신의 아들을 보살펴줄 사람을 찾고 있었다. 오디세우스는 그의 친구이자 지혜로운 노인이었던 '멘토르Mentor'를 선택했다. 멘토르는 신뢰할 수 있는 인물이었고, 많은 경험을 가지고 있었다. 그를 통해서 오디세우스의 아들에게 조언을 해줄 수도 있었다. 『오디세이아』의 멘토르에서 영어 단어 '멘토Mentor'가 나왔다. 멘토는 삶에 있어서 피와 살이 되는 조언을 해주는 스승과 같은 사람이다. 세상을 살면서 그런 사람을 직접 만날 수 있다는 기회란 얼마나 기쁜 일일까!

하지만 때로는 책을 통해서도 그런 사람을 만날 수 있다. 과거를 살았던 사람들이 남겨놓은 지식들을 살펴보고 거기서 삶의 지혜도 얻을 수 있을 것으로 생각한다. 나는 책을 통해서 현명한 지혜를 가진 사람들을 만날 수 있다고 생각하기 때문이다.

책을 통해 의견을 주고받았던 로마 사람들

세네카라는 인물을 혹시 들어봤는가? 그의 풀 네임은 루시우스 안니우스 세네카Lucius Annaeus Seneca이다. 그는 현재 스페인의 코르도바 섬에서 태어났다. 스토아학파의 철학자이자, 정치가, 웅변가였으며 로마 제국 황제였던 네로의 스승이기도 했다. 기원전 4년경 태어나서 기원후 65년에 죽었다.

그가 남긴 책들을 보면 대부분 대화체의 글로 누군가의 질문에 대답하는 형태로 되어 있다. 『마음의 평정에 대하여』는 그의 친구 세레누스에게 정신적 동요를 치유할 수 있는 방법을 알려준 책이다. 그리고 『행복한 삶에 대하여』는 그의 형이었던 갈리오에게 행복이란 무엇이며 어떻게 해야 행복해질 수 있는지 알려주는 책이다. 평소 알고 지내던 지인에게 자신의 생각을 전해주는 형식을 띤다.

앞에서 말했던 정치가 키케로 역시 마찬가지로 대화체 형식의 글을 썼다. 그는 공화정을 끝까지 지키고자 했던 인물 중 한 명이다. 그가 남긴 글은 시대를 거쳐서 르네상스 시대까지 전해져 많은 문인의 관심과 주목을 받았다. 그의 저술은 고대인의 지적인 힘을 현실에 적용하려고 했던 인문주의자들에게 중요한 자료였다.

그가 남긴 저서에는 누군가에게 무언가를 설명해주는 형식으로 쓰인 글도 있는데, 그런 형식의 글을 읽고 있으면 마치 그가 내 앞에서 이야기

사람은 사회적인 동물이다.
때문에 여러 사람과의 상호 작용을 통해서 성장해간다.
결국 어떤 사람들을 만나서 이야기를 듣고,
나의 이야기를 하다 보면 그들과 가까워진다.

해주는 듯한 느낌이 든다. 대화체로 서술되어 있기 때문에 읽기 편하다. 그가 집필한 『우정에 대하여』의 일부분을 보자.

"우리가 서로에게 호의를 보이고 선심을 쓰는 것은 나중에 보답을 받기 위해서가 아니네. 우리는 선행으로 폭리를 취하지는 않네. 우리가 호의를 베풀려는 것은 그것이 자연스러운 일이기 때문일세."

설명하며 말하는 듯 나한테 이야기를 해주는 것 같다. 내용 자체는 어려워도 전달 방식이 대화체이기 때문에 쉽게 읽힌다. 이런 글을 통해서 로마인들은 자신의 사고방식과 생각, 철학 등을 다른 사람들에게 이야기했다.

만나는 사람에 따라 내 인생이 달라진다

우리는 일생 여러 사람을 만나게 된다. 대출 이자를 갚을 수 있도록 돈을 빌려달라고 조르는 사람, 텔레비전에서만 봤던 유명한 축구 선수, 혹은 오랜 시간 동안 잊고 지냈던 초등학교 동창……. 사람은 사회적인 동물이다. 때문에 여러 사람과의 상호 작용을 통해서 성장해간다. 결국 어떤 사람들을 만나서 이야기를 듣고, 나의 이야기를 하다 보면 그들과 가까워진다.

그렇다면 내가 만나는 사람들이 어떤 사람이냐에 따라 나의 인생도 달라지는 것은 아닐까? "친구를 보면 사람을 알 수 있다."라는 말이 있다.
친하게 지내는 사람들은 결국 그들끼리 영향력을 주고받기 마련이다.

단순한 예를 들어보자. 부자인 친구를 많이 둔 사람이 부자가 되기 쉬
울까, 혹은 가난한 친구를 많이 둔 사람이 부자가 되기 쉬울까? 사람마
다 처한 상황이 다르기에 정확하지 않을 수도 있지만 부자 친구가 많은
쪽이 부자가 될 수 있는 확률이 높을 것이다. 친구들로부터 돈에 관련된
지식은 물론 유용한 정보를 얻기가 쉽기 때문이다.

책을 통해 멘토, 롤모델과 이야기 나누자

우리가 주변 사람에게 영향을 받듯이 책에서도 마찬가지 영향을 받는
다. 책을 읽으면서 우리는 책 속에 담긴 내용에 영향을 받는다. 책을 읽
으며 웃기도, 울기도 한다. 책 속의 내용에 공감이 가면 나도 모르게 고
개를 끄덕이기도 하고, 이해가 안 되면 고개를 흔들기도 한다. 무의식적
으로 하는 행동이지만 우리는 책과 매 순간 상호작용하는 것이다.

독서를 한다는 것은 사람을 만나 이야기하는 것과 똑같다. 책은 우리
에게 이야기를 들려준다. 책은 저자와 우리 사이를 이어주는 매개체와
같다. 우리는 책을 통해서 빌 게이츠나 워런 버핏과 대화한다. 뿐만 아니
라 머나먼 과거의 사람들과도 대화할 수 있다. 앞에서 이야기했던 고대

로마의 키케로나 세네카는 물론이며, 독일의 괴테와 같은 인물과도 이야기할 수 있다.

책을 통해 여러 사람과 이야기하게 되면 그 사람들의 삶을 이해하게 된다. 우리가 우리 친구들을 이해하는 것처럼 말이다. 결국 책을 읽는다는 것은 저자의 가치관, 사고방식을 읽는 것과 같다. 그래서 우리는 독서를 통해서 얻을 수 있는 것이 많다.

주변에 평범한 친구들이 많아도 부자가 쓴 책을 읽고 그들의 삶의 방식, 가치관, 생각을 이해할 수 있다. 닮고 싶은 사람이 있다면 그가 쓴 책을 읽어보면 된다. 그 책을 통해 자신이 닮고자 하는 롤모델은 어떻게 생각하고 어떻게 행동하는지 알 수 있다.

책에는 글자가 있는 것이 아니라 사람이 있다. 책을 읽을 때에는 단순히 텍스트를 이해하기 위해서 읽는다고 생각해서는 안 된다. 저자가 무엇을 이야기하고자 하느냐에 초점을 맞춰서 읽어야 한다. 저자의 이야기를 듣고자 하는 열린 마음이 필요하다.

열린 마음이 없다면 책에서 아무리 좋은 이야기를 하더라도 소용이 없다. 책을 통해서 빌 게이츠가, 아인슈타인이, 스티브 잡스가 우리를 향해 이야기하고 있다. 그런데 우리는 그들의 말을 제대로 듣지 않고 한쪽 귀로 흘려보내고 있지 않은가.

책에는 우리보다 앞서 살았던 현명한 사람들의 지식과 경험, 지혜가 담겨 있다. 그것이 잘 엮여서 책이라는 형태로 나온 것이다. 우리는 책 읽기를 통해서 그 책을 쓴 사람과 마주한다. 평소에 만나는 사람들이 중요한 만큼 책을 통해서 만나는 사람도 중요하다. 오늘 우리가 읽는 책이 얼마나 중요한지!

책을 읽을 때에는 책 속의 현명한 사람들과 대화를 한다고 생각해보자. 그들은 우리에게 필요한 지혜를 줄 것이다. 또한 세상을 다양한 각도로 볼 수 있는 관점을 제공해줄 것을 믿는다.

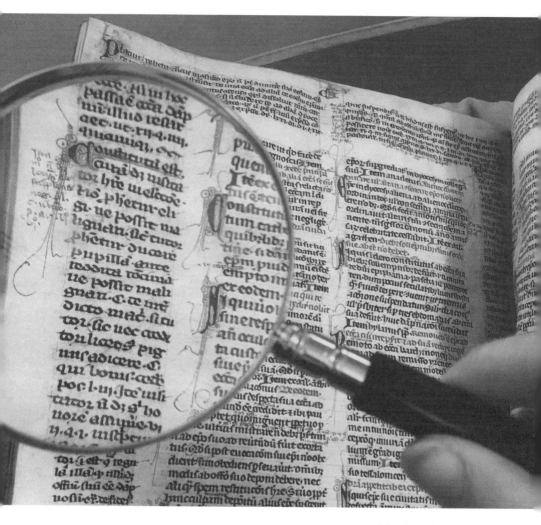

책을 읽을 때에는
책 속의 현명한 사람들과 대화를 한다고 생각해보자.
그들은 우리에게 필요한 지혜를 줄 것이다.
또한 세상을 다양한 각도로 볼 수 있는 관점을 제공해줄 것을 믿는다.

Chapter IV 학문: 로마인들은 어떻게 생각하고 연구했는가?

로마에 있는 오벨리스크는 어디에서 난 것일까

　로마에는 13개의 오벨리스크가 있다. 고대 로마의 지배자들은 이집트에 있는 오벨리스크에 관심을 가졌고 이를 로마로 하나둘씩 가져왔다. 그래서 로마에 있는 여러 광장에 가보면 오벨리스크를 자주 볼 수 있다. 모든 오벨리스크 꼭대기에서는 십자가를 볼 수 있다. 이는 로마가 기독교의 나라가 된 이후에 이교도의 흔적을 없애려 한 교회의 의도로 생기게 된 것으로 보면 된다.

ROME - 27

넓이 : 책은 우리의 경험을 확장시킨다

책으로 한 나라의 상당 부분을 다닐 수 있다.

– 앤드류 랭, 스코틀랜드의 역사가·고전학자·민속학자

전부 경험해볼 수 없는 세상, 책으로 경험하자

어렸을 적에 그림책으로 읽었던 『피노키오』를 다시 읽은 적이 있다. 내 기억 속의 피노키오는 거짓말을 많이 해서 코가 길어진 목각 인형이었다. 그래서 거짓말을 하는 것은 나쁘다는 교훈을 오랫동안 마음에 두고 살았다.

다시 읽어보니 그 교훈은 책 전체를 봤을 때 일부에 지나지 않았다. 피노키오는 사람으로 태어나기까지 수많은 일을 겪는다. 나쁜 친구들한테 속아 사기를 당하기도 하고, 감옥에 갇히기도 한다. 당나귀로 변신하기도 하고, 고래 뱃속에 갇히기도 한다. 이런 수많은 경험을 통해서 피노키오는 자신이 그동안 저질렀던 일들에 대해 생각해보고 반성하게 된다. 사실 피노키오의 원제는 "피노키오의 모험"이다. 내가 다시 읽어본 피노키오는 단순한 그림책이 아니라 성장 소설이었다.

사람들은 살면서 여러 경험을 하게 된다. 우리가 받아들이기에 그 경험이 좋게 느껴질 수도 있고, 나쁘게 느껴질 수도 있다. 본인을 웃게 만드는 것은 좋은 경험이고, 울게 만드는 것은 나쁜 경험일까? 조금 더 다르게 생각해볼 필요가 있다. 그 경험이 나에게 어떤 영향을 끼쳤는지를 확인해보자. 경험은 사람을 변화시키기 때문이다. 그 변화가 사람에게 있어 성장의 발판이 되기도 한다. 피노키오처럼 말이다.

그래서 사람은 많은 경험을 해야 한다. 대학생의 경우로 생각해보자. 학생 A는 집과 학교만 오고 간다. 학생 B는 여러 동호회에 가입하여 인맥을 늘리고 학원을 다니며 자기계발을 한다. 똑같이 학교에 다니고 있지만, 두 사람이 겪는 경험에는 차이가 생긴다. 시간이 지난 후에 두 사람의 모습은 어떻게 달라져 있을까?

우리가 할 수 있는 경험에는 제한이 있다. 그 이유에는 여러 가지가 있는데, 첫째는 우리의 시간이 한정되어 있기 때문이다. 우리는 동시에 여러 가지 일을 할 수 없다. 친구의 생일 파티에 참석하는 동시에 시험장에 가서 시험을 볼 수는 없는 일이다. 두 가지 일을 한 번에 할 수는 없다. 우리 몸은 하나이기 때문이다.

둘째는 위험성이다. 세상에는 해볼 수 있는 일이 많지만 그중에는 우리가 직접해보기에는 너무 위험한 일들도 많다. 화산 폭발을 더 자세히 보고 싶어서 활화산의 분화구 속으로 직접 들어갈 수는 없다. 피노키오가 겪은 모험처럼 고래 뱃속에 들어가는 일도 위험한 일이다. 그런 경험을 하려다가는 다치거나 죽을 수도 있다.

세상에는 크게 두 가지 경험이 있다. 하나는 직접 경험이고, 다른 하나는 간접 경험이다. 직접 경험은 말 그대로 직접 경험해보는 것이다. 직접

간접 경험은 직접 경험이 가지고 있는
한계를 극복하게 도와주는 도구이다.
그중 대표적인 것이 바로 '책'이다.

교양인을 위한 로마인 이야기

운전을 해보고, 직접 마셔보고, 직접 적어보는 등 우리의 신체를 활용하여 직접 해보는 경험이다. 간접 경험은 언어나 영상을 통해서 다른 사람들의 이야기를 통해 하게 되는 경험이다. 간접 경험은 직접 경험이 가지고 있는 한계를 극복하게 도와주는 도구이다. 그중 대표적인 것이 바로 '책'이다.

로마인들은 무슨 책을 읽었을까?

책을 통해서 여러 가지 경험을 할 수 있다. 책 속에 나오는 여러 가지 일들에 공감하면서 마치 내가 겪는 일처럼 느낄 수 있다. 소설을 읽다가 눈물 흘려본 경험이 있을 것이다. 책 속의 주인공이 겪는 아픔이 내게도 전해지기 때문이다. 내용에 공감할 때 마음이 움직인다.

판타지 소설을 읽으면 색다른 느낌을 받을 수 있다. 존재하지 않는 가상의 세계를 배경으로 인간과는 다른 모습을 지닌 종족들이 등장하기 때문이다. 게다가 빨간 불덩이가 날아다닌다든가, 눈앞에 보이던 사람이 갑자기 사라져 버린다든가 하는 일이 생긴다. 우리가 사는 세계가 아닌, 작가에 의해서 만들어진 가상의 세계이기 때문이다. 판타지 소설은 허무맹랑한 이야기일 뿐이라고 비판하는 사람들도 있다. 하지만 판타지 소설만큼 특이하고 다양한 간접 경험을 할 수 있게 해주는 소설은 없다.

로마인들은 어떤 책을 읽고 간접 경험을 했을까? 율리우스 카이사르가 적은『갈리아 전쟁기』를 예로 들고 싶다. 이 책은 말 그대로 전쟁에 대한 기록을 적은 것이다. 지금 우리는 한 권짜리 책으로 만날 수 있지만, 당시에는 달랐다. 갈리아 지방에서 카이사르는 8년 동안 전쟁을 치렀다. 기원전 58년부터 51년까지 8년에 이르는 시간에, 그는 매년 한 권씩 적었다. 그래서 총 8권으로 구성되어 있었다. 7권까지는 카이사르가 직접 집필했으나, 8권은 아니었다. 그 시기에 그는 매우 바빴고, 원로원과의 관계가 좋지 않아 고민이 많았다. 그래서 8권은 카이사르 사후에 집필되었다. 카이사르의 부장이었던 아울루스 히르티우스가 썼다고 한다.

로마인들은 카이사르가 적은『갈리아 전쟁기』를 무척 좋아했다고 한다. 로마에서 출간되자마자 베스트셀러가 될 정도였다. 당시 사람들에게 카이사르의 인기는 절대적이었다. 그런 사람이 전쟁터에서 겪었던 일들을 책으로 엮어서 펴냈으니 누구나 한 번쯤 구매해서 읽어 보고 싶지 않았을까?

『갈리아 전쟁기』는 카이사르가 치렀던 전투에 대한 기록만 담고 있지는 않다. 여러 부족의 풍습, 신앙, 생활, 문화 등에 대해서도 서술했다. 그리고 로마군이 어떻게 행군하는지, 공성 장비는 어떻게 만드는지도 이야기한다. 카이사르의 기록들을 읽으며 로마인들은 어떤 느낌을 받았을까? 생생하게 묘사되어 있는 글을 읽으며 본인도 갈리아 전쟁에 참가했다는 기분을 갖지는 않았을까? 나는 『갈리아 전쟁기』를 읽으며 카이사르의 지시를 듣는 한 명의 군단병이 된 것 같은 기분이었다.

저자의 경험으로 내 경험을 넓혀라

책에는 여러 가지 내용들이 담겨져 있다. 그중 가장 중요한 것은 바로 저자가 우리에게 전해주고자 하는 메시지다. '이 사람은 이 글을 통해 나에게 무엇을 전달해주려고 하는 것일까?' 하지만 책을 쓰는 저자 역시 자신이 하고 싶은 말만 쭉 늘어놓지 않는다. 자기주장만 가득하고 아무런 근거 없는 책에는 거부감이 느껴진다.

그래서 저자는 책 속에 자신의 경험을 담는다. 다른 이야기가 아닌 자신의 경험을 담아서 적은 내용에는 신뢰가 간다. 복잡한 논리는 일반인이 이해하기에 어렵다. 하지만 저자가 자신이 겪었던 일을 풀어서 쓰면 달라진다. 자신이 어떤 일을 하게 되었는데, 그 일을 하다가 이런 실수를 했고, 나는 돈을 날렸다는 식의 이야기는 술술 읽힌다. 그 경험을 통해서 자신의 논리를 펼친다면 독자는 보다 잘 이해할 수도 있다. 책 속에 담긴 저자의 경험은 소중하다.

책을 통해서 우리는 우리의 경험을 확장할 수 있다. 먼 나라 사람들의 이야기도 우리는 책으로 들을 수 있다. 과거 화려하게 살았던 사람들의 이야기도 우리는 책을 통해서 들을 수 있다. 이처럼 우리는 책을 통해서 경험을 늘릴 수 있게 된다.

우리는 살아가면서 여러 가지 경험을 하게 된다. 경험이 중요한 이유는 우리가 인생을 살아감에 있어서 성장의 발판이 될 수 있기 때문이다. 하지만 시간적, 공간적 제약에 따라 우리의 경험은 제한된다. 제한된 우리의 경험을 확장시키는 도구가 바로 책이다. 책은 우리의 경험을 저 멀리 미국까지 확장시킨다. 미국뿐만 아니라 전 세계 어느 곳도 가능하다. 원한다면 우주도 가능하다. 시간적 제약도 뛰어넘는다. 과거로 그리고 미래로의 여행도 가능하다.

이렇게 책은 우리의 경험을 무한히 확장시킨다. 마음을 열고 책을 보자. 책에 공감하며 읽다 보면, 경험과 함께 새롭게 성장한 자신과 마주하게 될 것이다.

투자 : 빚을 내서라도 책을 사라

문장은 거기에 쓰이는 언어의 선택으로 결정된다.
평소에 쓰이지 않는 말이나 동료들끼리만 쓰이는 표현은
배가 암초를 피하는 것처럼 피해야 한다.

– 가이우스 율리우스 카이사르, 고대 로마의 정치가·장군

율리우스 카이사르는 빚쟁이였다

　2014년 11월 시행된 도서정가제로 인해서 책 한 권의 최대 인하 폭은 10%가 되었다. 예전에는 싸게 구매할 수 있었던 책을 더 높은 가격을 내고 구매하는 일이 생기자 책이 비싸다는 인식이 생겼다. 그렇다면 고대 로마 시절 당시의 책 가격은 어땠을까?

　그에 대한 정확한 사료는 찾아볼 수가 없다. 하지만 유추는 해볼 수 있다. 고대 로마에서 책의 가격은 무척 비쌌을 것이다. 당시의 책은 지금과 다른 형태였다. 이집트의 파피루스로 만드는 종이는 비쌌다. 거기에다 사람이 한 글자 한 글자씩 베껴서 써야 했다. 인쇄기술이 서양에 널리 퍼지게 된 것은 구텐베르크가 금속활자를 발견하면서부터다. 종이에 대량으로 인쇄하여 책으로 볼 수 있게 된 것은 그 이후였다. 그 이전의 책들은 모두 필사해 사본을 만들어야 했다. 책을 만드는 데 들어가는 재료비와 인건비가 지금에 비해서 무척 비쌌다.

　『로마인 이야기』에 의하면 로마의 명문 가문 출신이었던 율리우스 카이사르는 당시 엄청난 부채를 진 빚쟁이였다. 카이사르의 집안은 오랫동안 로마의 구성원이었던 명문 귀족이었다. 하지만 이름에 비해서 경제력은 좋지 않았다. 카이사르 역시 경제적으로는 풍족하지 못했다고 한다.

　『로마인 이야기』의 저자 시오노 나나미는 카이사르가 막대한 빚을 지게 된 이유로 세 가지를 든다.

첫 번째, 친구들과 주변 사람들에게 돈을 아낌없이 썼다. 일찍이 가장이 된 카이사르는 여러 사람을 챙겨야 했기 때문에 돈이 많이 필요했다. 그중에는 같이 공부를 하던 친구들도 있었고, 그의 가문과 관계를 맺고 있는 여러 사람도 있었다.

두 번째, 여자들에게 쓰는 선물 비용이었다. 카이사르는 비싼 선물을 애인들에게 선물하는 것으로 유명했다. 그는 미남형이 아니었지만 명문가라는 배경을 가지고 있었고 말솜씨가 뛰어나, 많은 로마 여성들의 마음을 샀다. 심지어 원로원 의원 남편을 둔 여성들도 그를 좋아했다.

세 번째, 바로 자기 계발을 위한 비용이었다. 카이사르는 자신의 발전을 위해 빚을 내어 투자를 했다. 그중 하나가 독서였다. 카이사르의 독서량은 당시 최고의 문인이라 할 수 있는 키케로도 인정할 정도였다. 어릴 때부터 경제적 여유가 없었지만, 카이사르는 포기하지 않고 책을 읽으며 지식과 지혜를 지속적으로 습득했다.

보통 좋은 책을 쓰기 위해서는 책을 많이 읽어야 한다고 한다. 갈리아 속주의 총독으로 부임 중에 그가 썼던 『갈리아 전쟁기』는 많은 사람이 읽었던 베스트셀러였다고 한다. 그가 썼던 『갈리아 전쟁기』를 보고 키케로는 이렇게 이야기했다고 한다.

다만 책을 사는 데 드는 돈이
아깝다고 생각하지 않았으면 한다.
책은 빌려서 읽을 때보다 사서 읽을 때 보다 많은 이득을 준다.

교양인을 위한 로마인 이야기

"이 책들은 모두 알몸이고 순살이며, 인간이 몸에 걸치는 의복과도 비슷한 미사여구를 죄다 벗어던졌을 때 생겨나는 매력으로 충만하다."

카이사르가 『갈리아 전쟁기』 속에 자신의 문장을 가감 없이 멋지게 표현할 수 있었던 것은 어릴 적부터 돈을 아끼지 않고 책을 읽었기 때문이라고 생각한다.

책을 사는 데 돈 아끼지 마라

물론 카이사르처럼 빚을 내면서까지 책을 사라는 말은 아니다. 다만 책을 사는 데 드는 돈이 아깝다고 생각하지 않았으면 한다. 책은 빌려서 읽을 때보다 사서 읽을 때 보다 많은 이득을 준다. 그 분야를 크게 네 가지로 들 수 있다.

첫 번째, 인테리어다. 황당한가? 어려운 내용이 있어 읽다가 덮은 책을 거실에 있는 탁자 위에 올려놓아보자. 최근 책들은 출판사에서 표지 디자인에 많은 공을 들이기 때문에 예쁘게 나오는 책이 많다. 나는 서점에 갔다가 제목과 표지디자인이 굉장히 예뻐서 목차도 살펴보지 않고 책을 샀던 경험도 있다. 어려워 보이고 두꺼운 책일수록 과시 효과가 있다. 그런 책이 테이블 위에, 혹은 서재에 꽂혀 있을 때, 대부분의 사람은 그 책의 주인을 다시 생각해보게 된다. 뜻밖의 인테리어 효과가 있는 것이다.

두 번째, 독서 의욕이다. 책을 읽기 위해서 일정액의 비용이 이미 투입된 만큼, 책을 읽을 가능성이 더 높다. 책을 빌려와서 앞부분을 읽어봤는데 이해가 잘 되지 않는 부분이 많다고 치자. 그러면 책을 덮고 방치해둘 가능성이 높다. 결국 읽지 않게 된다. 이렇게 독서와 멀어지게 된다. 하지만 책을 사면, 약간 어려운 부분이 있다고 하더라도 인내심을 가지고 읽게 된다. 내가 산 책에 대해 왠지 모를 책임감이 느껴진다. 많은 사람이 한 번쯤 가져본 느낌일 것이다.

세 번째, 두고두고 읽을 수 있다. 책을 읽다가 감명 깊게 읽은 구절이나 공감이 갔던 문구가 한 곳쯤은 있었을 것이다. 시간이 지난 후에 그때 나를 울렸던 구절을 다시 한 번 보고 싶을 때가 있다. 나 역시 그랬다. 대학교 시절 재미있게 읽었던 김하인의 『일곱 송이 수선화』라는 소설을 다시 읽고 싶어서 책장을 뒤졌다. 동생이 몰래 중고책방에 팔아버렸다는 사실을 알게 되었을 때의 허탈함이란 어떤 말로도 설명할 수 없다.

대부분의 사람들이 책을 한 번 읽고 덮은 뒤 다시 펴지 않는다. 하지만 그 책이 남긴 여운이 있다면 혹은 책이 나에게 깊은 감동을 주었다면, 그 책을 다시 한 번 찾게 된다. 내가 읽었던 책 중에는 김하인 작가의 『일곱 송이 수선화』가 그런 책이었다.

네 번째, 이 부분이 제일 중요하다. 책 내용을 온전히 내 것으로 소화시킬 수 있다. 내 돈을 지불하고 샀기 때문에 내가 책의 주인이다. 책에 밑줄을 그어도 된다. 책에다 낙서를 해도 된다. 마음에 두는 구절이 있어 나중에 다시 한 번 읽고 싶다면 그 페이지를 접어놔도 된다. 우리는 책을 신줏단지 모시듯 할 필요가 없다. 과거 로마인들이 살던 시대에는 책이 고가였지만, 그에 비해 우리가 사는 현재는 책 가격이 저렴한 편이다.

책 속 여백에 책을 읽다가 떠오르는 나의 생각을 적어보자. 따로 노트에 적어도 좋지만, 책에 직접 적는 것이 좋다. 책을 다 읽은 뒤에 다시 그 책을 읽다가 여백에 적어놓은 생각을 보면, 내가 왜 그런 생각을 하게 됐는지 추적하기도 쉽다.

정말 좋은 책은 빚을 낼 가치가 있다

그리고 책은 읽는 행위 그 자체보다 책을 읽고 내가 무엇을 얻었느냐가 더 중요하다. 물론 책 한 권을 읽었다고 해서 그다음 날부터 사람이 180도 다른 삶을 살지는 않는다. 하지만 책을 읽는 과정에서 느꼈던 감정, 알게 된 것, 갑자기 떠오른 생각을 적어두면 얻는 것이 많다. 그것은 미래에 대한 통찰일 수도 있고, 나의 그릇된 행동에 대한 깨달음일 수도 있다. 때로는 사업 아이템이 될 수도 있고, 하나의 글을 쓰기 위한 사례가 될 수도 있다. 책의 내용을 소화한다는 것은 이렇게 다양한 장점을 준다. 이를 위해서라도 우리는 책을 사는 데 돈을 아끼지 말아야 한다.

정말 좋은 책이거나 꼭 읽고 싶은 책이라면 빚을 내서라도 책을 사서 보는 것이 어떨까? 내가 읽은 책으로 인하여 내 삶이 변화하는 계기가 만들어지면, 그 책의 가격을 단순히 가격으로 매길 수 있을까. 책 한 권에 담긴 생각이나 메시지는 책 뒷면에 단순히 명기된 가격 이상의 가치를 지닌다. 나는 당신에게 묻고 싶다. 가치가 있는 책 한 권을 택할 것인가, 아니면 그냥 포기할 것인가? 선택은 당신의 몫이다.

고전 : 고전에서 답을 발견하다

미래의 일로 근심하지 마라.
현재 나를 지탱해주고 있는 이성이
그때도 나와 함께하며 미래의 일을 잘 대처해줄 것이다.

– 마르크스 아우렐리우스, 고대 로마의 황제·철학자

고전이란 무엇인가?

세상에는 책이 너무나 많다. 책을 쓰려는 사람이 많기 때문이다. 지금이 순간에도 누군가는 자신의 책을 내기 위해 원고를 쓰고 있다. 그리고 그 원고는 출판사로 전달되어 책이라는 형태로 세상에 나올 것이다.

너무도 많은 책이 출간되기에 간혹 우리는 어떤 책을 읽어야 할지 갈피를 못 잡는다. 이럴 때 우리에게 도움이 되라고 고대 로마의 정치가이자 철학자였던 세네카가 한 마디 남겼다.

"수많은 책은 배우려는 자를 가르치지 못하고 오히려 짐더미만 될 뿐이니 많은 저자들 사이를 방황하기보다 소수의 저자들이 뿌린 씨앗에서 지혜의 싹을 틔워라."

나 역시 읽고 싶은 책이 많다. 하지만 우리의 시간은 한정되어 있다. 그렇다면 우리는 어떻게 해야 하는 것일까? 세네카는 "소수의 저자들이 뿌린 씨앗"을 보라고 이야기했다. 소수 저자들의 저서, 고전이다.

'고전古典'은 무엇을 말하는 것일까? 오래되었다고 해서 모두 고전이라고 부를 수는 없다. 고전이라고 불리어지기 위해서는 그만큼 가치가 있어야 할 것이다. 고전은 오래전에 쓰인 작품이라 할지라도 시대를 뛰어넘어 변함없이 읽을 만한 가치를 지니는 것을 의미한다.

로마인의 고전, 『오디세이아』

그렇다면 로마인이 읽었던 고전은 무엇이었을까? 로마인에게 있어서 고전이란 그리스인이 지은 『오디세이아』, 『일리아스』 등이었다. 기원전 272년 로마는 이탈리아 남부의 타렌툼이라는 도시를 정복한다. 타렌툼은 그리스인이 건너와서 지은 도시였다. 그 도시에 살고 있던 여러 그리스 사람들이 노예가 되었다. 당시의 지중해 세계에서 지적으로 가장 뛰어난 민족은 그리스인이었다. 대부분 고등교육까지 받았기 때문에 학문의 수준이 높았다. 많은 그리스 노예들이 로마에서 가정교사로 일하게 되었다. 그들 중에 리비우스 안드로니쿠스라는 인물이 있었다. 리비우스 안드로니쿠스는 호메루스의 『오디세이아』를 라틴어로 번역했다. 호메루스가 적은 책은 그리스인들은 물론 다른 민족들 사이에서도 널리 읽혔기 때문이다. 그의 번역본은 이후 로마 각지에 있는 여러 학교에서 라틴어 교재로 사용되었다.

"요즘에 누가 그 오래된 『오디세이아』를 읽나요?"라고 물어볼지도 모르겠다. 서점에 있는 베스트셀러를 읽는 일에 익숙해진 우리는 '오래된 책'인 고전을 기피하는 경향이 있다. 하지만 그 가치를 아는 사람들은 고전을 읽는다. 미국의 일리노이주에는 석유 재벌 록펠러가 설립한 시카고 대학교가 있다. 과거 시카고 대학교의 수준은 매우 낮았는데, 1929년 로버트 허친스가 '시카고 플랜Chicago Plan'을 시행한다. 인문 고전 100권을

오랜 시간 동안 난관 속에서도
자신의 고향으로 돌아가기 위한 여정을
포기하지 않았다는 것을 잊지 알아야 한다.
오디세우스의 모습에서 현재 우리 삶의 모습을 찾을 수 있기 때문이다.

읽고 토론을 하도록 한 것이다. 1929년 이후 2010년까지 시카고 대학은 노벨상 수상자를 81명 배출했다고 한다. "시카고 플랜" 안에 호메루스의 『오디세이아』도 포함되어 있다.

미국에서만 인문 고전 읽기를 강조하는 것은 아니다. 서울대에서도 마찬가지다. 서울대에서도 인문 고전 읽기를 강조하면서 권장 도서 100권을 권한다. 서양의 고대에 출간되었던 오비디우스의『변신이야기』, 아리스토텔레스의『니코스마스 윤리학』등과 함께 호메루스의『오디세이아』도 포함되어 있다.

『오디세이아』는 '오디세우스의 노래'라는 뜻이다. 그리스가 트로이를 멸망시킨 전쟁 영웅 오디세우스가 겪게 되는 모험에 대한 이야기이다. 눈이 하나밖에 없는 거인 폴리페모스에 의해서 죽을 위기에 처한다. 마녀 키르케에 의해서 부하들이 돼지로 변하기도 한다. 요정 칼립소 때문에 오랜 시간 동안 섬에 갇히기도 한다.

오디세우스는 지혜를 발휘하며 어려움을 돌파한다. 위기를 탈출하는 오디세우스의 지혜를 살펴볼 수도 있다. 하지만 오랜 시간 동안 난관 속에서도 자신의 고향으로 돌아가기 위한 여정을 포기하지 않았다는 것을 잊지 알아야 한다. 오디세우스가 겪는 경험들을 읽으면서 우리 삶에 비춰서 생각해볼 필요가 있다. 오디세우스의 모습에서 현재 우리 삶의 모습을 찾을 수 있기 때문이다.

베스트셀러와 고전, 두 가치의 차이

서점에 가면 베스트셀러 코너를 쉽게 찾을 수 있다. 어떤 책이 잘 팔리는지 알 수 있는 동시에 사람들이 어떤 책을 많이 읽는지 알 수 있다. 하지만 이런 책들은 출판사에서 현재 트렌드에 맞춰 기획한 후 출간한 경우가 많다. 시간이 난 뒤에도 그 책의 가치가 그대로일지는 알 수 없다.

하지만 고전의 가치는 변하지 않는다. 오랜 시간 동안 사람들에게 읽히며 공감을 주고 생각할 거리를 주기 때문이다. 인간이라면 누구나 생각해볼, 고민해볼 문제에 대하여 이야기한다. 고전 속에 등장하는 지혜로운 인물들의 이야기를 통해 우리 앞에 당면한 현재 문제를 해결할 수 있는 답을 구할 수도 있다.

그래서 많은 사람이 고전에 대하여 지금보다 더 관심을 가질 필요가 있다. 최근에 유행하는 소설도 좋지만, 오랜 세월에 걸쳐 사람들에게 사랑받고 있는 작품들을 한 번 살펴보자. 소포클레스의 『오이디푸스 왕』, 플라톤의 『향연』, 베르길리우스의 『아이네이스』 등은 고전 중의 고전이라고 할 수 있다.

하지만 오랜 세월이라고 해서 고대 그리스 로마 시대의 작품만 일컫는 것은 아니다. 나는 오랫동안 사람들에게 읽힘과 동시에 익숙한 작품 역시 고전이라고 생각한다. 예를 들어, 이탈리아의 카를로 콜로디가 지은 『피노키오』도 고전이라고 생각하며, 앙투안 드 생텍쥐페리의 『어린 왕자』도 고전에 포함된다. 오랜 세월 동안 서양을 넘어 동양에서도 광범위한 독자가 있는 소설이다. 이 역시 분명히 고전이라고 생각한다.

그리고 서양의 고전과 우리나라의 고전이 똑같을 필요는 없다. 과거 우리나라의 여러 현인들이 쓴 저작에서도 우리는 지혜를 얻을 수 있다. 서울대에서 지정한 권장 도서 100선에는 최인훈의 『광장』, 혜경궁 홍씨의 『한중록』, 일연의 『삼국유사』가 포함되어 있다. 그리고 사마천의 『사기 열전』, 맹자의 『맹자』, 공자의 『논어』와 같은 작품도 리스트에 있다.

우리 주변에도 고전의 흔적이 많이 남아 있다. 현재 우리가 살고 있는 현대 문명 속에서 사람들은 고전과 끊임없이 대화하며 살아가고 있다. 어렸을 때 즐겨했던 PC게임 중에 〈창세기전 외전: 서풍의 광시곡〉이라는 게임이 있었다. 게임의 주인공은 연인과 가장 믿었던 친구로부터 배신을 당해 감옥에 갇히게 된 시라노 번스타인 백작이었다. 게임의 주된 스토리는 그의 복수극이다. 굉장히 재미있어서 주말마다 컴퓨터 앞을 떠나지 않았었다. 그 게임의 모티프가 된 소설이 있다. 바로 1845년 프랑스의 작가 알렉상드르 뒤마가 쓴 『몬테크리스토 백작』이다. 게임을 하면서 스토리가 너무 훌륭하여 감탄을 연발했는데, 소설의 내용을 바탕으로 만들었던 것이다.

고전이 우리에게 주는 의미는 지금도 작지 않다. 우리가 모르고 있을 뿐 우리 주변에는 이렇게 고전에 바탕을 두고 만들어진 여러 소설, 드라마, 뮤지컬, 연극 등이 상영되고 있다. 그런 작품들은 오랜 세월이 흘렀어도 그만한 가치를 가지고 있고, 우리를 생각하게 만든다. 때로는 우리의 질문에 답을 주기도 한다. '내 삶은 왜 이래?', '나는 왜 항상 이 모양이야?'와 같은 생각이 들 때, 고전을 집어보자. 우리에게 삶의 지혜를 전달해줄 것이다.

끈기 : 고전을 읽어야 하는 세 가지 이유

수많은 책은 배우려는 자를 가르치지 못하고
오히려 짐더미만 될 뿐이니 많은 저자들 사이를 방황하기보다
소수의 저자들이 뿌린 씨앗에서 지혜의 싹을 틔워라.

– 세네카, 고대 로마의 정치가·철학자·문인

현대인에게 고전은 너무 많다!

대학교 시절에 '음악의 이해'라는 수업을 들은 적이 있다. 그 수업을 들으면서 클래식 음악에 관심이 생겼다. 주변의 사람들처럼 나 역시 클래식 음악은 돈 많은 사람들이 즐겨듣는 고상한 음악이라고 생각했다. 하지만 수업을 들으면서 생각이 바뀌었다. 가요와 같은 대중음악만큼 클래식 음악을 일반인들도 충분히 즐길 수 있다는 사실을 알게 되었다.

내가 좋아하는 클래식 음악 중 하나를 꼽으라면 베토벤의 9번 〈합창 교향곡〉을 들 수 있다. 그 곡의 4악장은 웅장한 오케스트라의 사운드와 아름다운 목소리가 조화되면서 웅장함의 극치를 보여준다. 〈합창 교향곡〉이 초연되었을 때, 수많은 사람의 환호를 받았다. 그리고 그 이후에도 오랜 시간 동안 사람들의 사랑을 받고 있다.

진정한 고전은 〈합창 교향곡〉처럼 오랜 시간 동안 사람들에게 읽히고, 들리고, 회자된다. 19세기 초에 작곡된 음악이 200여 년의 시간이 흐른 21세기까지 사랑받고 있다. 그렇기에 베토벤의 〈합창 교향곡〉은 고전 중의 고전이다.

많은 사람이 고전을 읽어야 한다고 강조한다. 하지만 요즘은 '고전'이 너무나 많다. 고대 그리스 로마 시대에는 '고전'이라고 할 수 있는 텍스트가 지금보다 적었다. 그래서 현대인이 '고전'이라고 일컬어지는 책들을 모두 읽기에는 시간이 많이 걸린다. 그리고 대다수의 고전들은 내용이 어렵거나, 책의 두께가 어마어마하다. 시작하기도 전에 겁부터 날 수 있고, 몇 페이지 넘기다가 바로 포기해버리기 일쑤다.

그럼에도 고전을 읽어야 하는 이유

그럼에도 불구하고 고전은 읽어볼 필요가 있다. 그 이유 세 가지를 이야기해보려고 한다.

① 상상력이 자극된다

고전을 읽어야 할 첫 번째 이유는 우리의 상상력을 자극하기 때문이다. 로마의 첫 번째 황제였던 아우구스투스의 미움을 받아서 유배 생활을 했던 시인 중 오비디우스라는 인물이 있다. 그가 쓴 글 중에 『변신 이야기』라는 유명한 작품이 있다. 그는 그리스 신화에 나오는 여러 이야기들을 변신이라는 주제로 글을 썼다. 그가 쓴 책에는 착하고 마음씨 고운 처녀였던 칼리스토가 곰으로 변신하는 이야기가 나온다. 그와 비슷하게 암소로 변신하게 되는 이오에 대한 이야기도 있다. 인간으로 살다가 갑자기 동물로 살아가게 된 두 여인의 이야기를 읽으며, 내가 갑자기 그렇게 된다면 어떨까 하는 상상을 한 번 해본다.

인류 문명의 발전에 있어서 상상력만큼 중요한 것이 없다. 상상력이 풍부한 사람이 결국 큰일을 해낼 수 있다. 로마인들이 훌륭한 건축을 남길 수 있었던 이유 역시 상상력이 있었기 때문이다. 로마에 가면 누구나

인류 문명의 발전에 있어서
상상력만큼 중요한 것이 없다.
상상력이 풍부한 사람이 결국 큰일을 해낼 수 있다.

한 번쯤 콜로세움을 본다. 그 건물을 설계한다고 가정할 때, 전체적인 모습부터 구석구석까지 생생하게 머릿속에 그리지 않았다면 콜로세움은 탄생하기 힘들었을 것이다. 상상력이 없었다면 세계 곳곳에 들어서 있는 웅장한 건물들은 나타나지 못했다.

예술 분야를 살펴보면 고전에서 모티프를 얻어서 새로운 작품으로 탄생하는 경우도 있다. 1886년 로버트 루이스 스티븐슨이 집필한『지킬 박사와 하이드』가 출간되었다. 이후 이 원작 소설을 모티프로 해서 영화, 뮤지컬, 대중가요, 드라마 등이 만들어졌다. 소설에 등장하는 극단적인 두 자아의 대립이 공연 기획자나 작가들의 상상력을 자극했던 것이다.

② 독서 자신감이 생긴다

두 번째 이유는 어려운 책들도 충분히 읽을 수 있다는 자신감을 기를 수 있기 때문이다. 나는 초등학교 때부터『로마인 이야기』를 읽기 시작했다. 역사 관련 도서를 읽는 사람은 내 주변에 없었다.『로마인 이야기』는 당시 어른들에게는 쉬웠을지 몰라도, 나이가 어렸던 나에게 쉬운 책은 아니었다.

고등학교 때 읽었던 책 중에 니콜로 마키아벨리의『군주론』이 있다. 그 책 역시 그렇게 쉬운 책은 아니다. 고등학생이 관심을 가지고 읽을 만한 책은 아니다. 정치보다 스포츠나 그 나이대에 재미있는 이야기에 관심이 많을 나이였다. 내가 마키아벨리를 처음 알게 된 것도 〈서풍의 광시곡〉이라는 게임 덕분이었다. 그 게임 상에서 주인공과 함께 공부했던 친구로 등장하는 사람이 마키아벨리였다.

『군주론』은 르네상스 시대의 피렌체 공화국 출신인 마키아벨리가 집필한 정치사상서이다. 그 책에서 마키아벨리는 이상적인 군주가 갖춰야할 자질에 대해서 이야기했다. 우연히 『군주론』을 읽기 시작한 것이지만, 나는 끝까지 읽었다. 사실 지금도 그 내용을 모두 다 말할 수는 없다. 하지만 확실한 것은, 이 책을 읽은 후에 어렵고 익숙하지 않은 책을 접할 때도 자신감을 가지고 도전할 수 있게 되었다는 것이다.

③ 공감 능력이 자란다

세 번째 이유는 고전을 읽게 되면 공감 능력이 늘어나기 때문이다. 이 이유가 가장 중요하다. 최근 1인 가구가 늘어나면서 혼자서 모든 것을 해결하는 사람들이 늘어났다. 그래서 사람들과 관계 맺는 것을 어려워하는 사람들이 많다. 처음 만난 사람과 어떤 대화를 나눠야 할지, 이 사람의 말에 어떻게 대답해야 할지도 힘들어 한다. 함께 보고, 함께 먹고, 함께 걸으면서 자연스러운 대화를 통해 관계를 맺을 수 있어야 한다.

하지만 고전을 읽으면 이것을 해결할 수 있다. 고전 속에는 인간이 느끼는 보편적인 감정들이 드러난다. 기쁨, 분노, 슬픔, 좌절, 즐거움, 사랑이 적나라하게 드러난다. 특히 영국의 대문호라고 할 수 있는 셰익스

피어의 작품들을 보면 잘 나타나 있다. 『로미오와 줄리엣』, 『햄릿』, 『멕베스』, 『베니스의 상인』 등과 같은 그의 작품에는 사람들이 더불어 살아가면서 각자 느끼는 감정이 드러난다.

나는 『로미오와 줄리엣』을 읽으며 4일 만에 모든 사건이 종결되는 빠른 전개에 당황스러웠다. 그렇지만 나의 대학 시절, 한눈에 반했던 대학교 후배를 떠올려봤다. 사랑에 눈이 멀었던 그 시절, 내 사랑은 이뤄지지 못했다. 하지만 로미오와 줄리엣의 사랑은 이뤄질 수 있기를 기원했다.

주인공의 시점에 맞춰서 스토리를 따라서 읽다 보면 감정 이입을 하게 된다. 어느 순간 주인공이 기쁠 때 따라 웃고, 주인공이 아파할 때 눈물 흘릴 수 있게 된다. 이렇게 공감 능력이 키워지면 처음 만나게 되는 사람들과도 원만한 관계를 유지하며 즐겁게 대화할 수 있다.

『피노키오』도 고전이다, 쉽게 시작하라!

많은 사람이 고전을 어렵게 생각한다. 고전하면 떠오르는 이미지는 대부분 고대 그리스 로마 시대의 오래된 문헌과 중국 춘추 전국 시대의 여러 사상가의 저서, 근대와 현대를 거치며 나온 철학 책들이다. 그러나 사상가들이 쓴 책만이 고전은 아니다. 오랜 시간 동안 많은 이들에게 읽히며 가치가 전해져 오는 작품이라면 고전이라고 할 수 있다.

처음 시작할 때에는 어려운 작품 먼저 읽을 필요가 없다. 쉽고 잘 읽히는 작품 먼저 시작해도 된다. 누군가 나에게 어떤 고전을 읽으면 좋을지 물어본다면, 나는 『피노키오』를 추천할 것이다. 1800년대에 카를로 콜로디라는 이탈리아 작가에 의해 쓰인 그 소설도 100년이 넘는 세월 동안 동서양의 많은 사람들에게 읽혀지고 있기 때문이다.

책 읽기가 익숙하지 않은 사람일수록 쉬운 책 먼저 시작해야 한다. 우리가 계단을 하나씩 오르며 높은 곳으로 올라가는 것과 같이 『피노키오』를 시작으로 해서 차차 난이도가 높은 책에 도전하면 된다. 어느 정도 시간이 지난 후에는 어려운 책이나 두꺼운 책도 술술 읽는 당신을 볼 수 있을 것이다.

철학 : 책은 사색과 생각의 도구다

생각하기 위해 시간을 내라. 그것은 능력의 근원이다.
독서하기 위해 시간을 내라. 지혜의 원천이다.

– 톨스토이, 러시아 출신의 문인

로마가 순간의 쾌락을 중요시한다고?

세계사 수업 시간 때였다. 그리스의 문명에 대한 이야기가 책에 나왔고, 철학과 관련된 내용이 나왔다. 스토아학파와 에피쿠로스학파에 관련된 내용이 기억난다. 스토아학파는 금욕주의라고 배웠고, 에피쿠로스학파는 쾌락주의라고 배웠다. 시험을 위한 단순한 암기였다. 하지만 역사는 이렇게 배우면 재미가 없다. 그래서 처음에는 나도 별다른 흥미를 느끼지 못하고 암기만 했다.

기본적으로 세계사에 흥미를 가지고 있었기 때문에 점수는 잘 나왔지만, 그리스의 철학에 대한 이야기는 그 이후로 잊고 살았다.

역사를 공부하는 법에는 크게 두 가지가 있다. 첫 번째, 전체적인 맥락과 흐름을 짚으면서 보는 방법이다. 두 번째, 역사 속 에피소드들을 하나씩 살펴보며 의미를 찾는 방법이다. 두 번째 방법이 시간은 오래 걸리기는 하지만, 훨씬 재미있다.

로마와 관련된 영화나 드라마를 보면 가장 많이 등장하는 곳이 콜로세움과 같은 원형 경기장이다. 로마인들은 검투사들이 피 흘리며 싸움을 하는 모습을 보면서 열광했다. 내가 봤던 외국 드라마인 〈롬Rome〉, 〈스파르타쿠스〉에서는 선정적인 장면들이 많이 나왔다. 나는 오해를 할 수밖에 없었다. 로마인은 순간의 쾌락을 중요하게 생각했다고.

하지만 드라마나 영화 속에서 나오지 않는 장면이 있다. 로마인들이 신들에게 올리는 제사나 의식이다. 로마 최고의 지성인 중 한 명이었던 마르쿠스 툴리우스 키케로는 이렇게 이야기했다.

"다른 모든 점에서 로마인은 다른 종족보다 같거나 못하지만, 종교에서는, 즉 신들을 숭배하는 데 있어서는 훨씬 뛰어나다."

로마인은 무슨 일을 하든지 신들의 허락을 받아야 한다고 생각했다. 그래서 공적인 일이든 사적인 일이든 대부분의 일을 신에게 물어본 뒤에 진행했다. 당시의 로마를 찾은 어떤 그리스인은 로마인의 경건함에 깜짝 놀랐다고 한다.

스토아학파의 철학에 대해서

이런 로마인의 행동에 더 많은 영향을 준 것이 바로 스토아학파의 철학이다. 스토아학파는 모든 인간은 이성을 가지고 있다고 생각했으며 모든 시민은 평등하다고 주장했다. 그리고 운명에 순응하는 극단적 금욕주의를 추구하여, "어떤 상황 앞에서도 동요하지 않는 정신 상태"가 되어야 한다고 생각했다. 반면에 에피쿠로스학파는 검소와 절제를 통한 정신적 쾌락주의를 강조했다. 이를 통해서 "마음에 불안이 없고 몸에 고통이 없는 평온한 상태"를 유지해야 한다고 주장했다.

로마의 지배 계층에 많이 받아들여진 쪽은 스토아학파였다. 로마의 스

나는 모든 일을 긍정적으로 생각하고
이를 성취하기 위해 노력해야 한다는 것을 알게 되었다.
부정적인 생각보다 긍정적인 생각을 하는 것이
일을 성취하는 데 있어 훨씬 좋다.

교양인을 위한 로마인 이야기

토아학파 철학자 중 가장 유명한 사람은 바로 '철인 황제'라고 불렸던 마르쿠스 아우렐리우스다. 어릴 때 나는 '와, 얼마나 강한 사람이면 철인이라는 호칭을 붙였을까!'하고 생각했다. 초등학교 때 봤던 만화 〈철인 28호〉 때문이었다. 하지만 마르쿠스 아우렐리우스의 칭호 앞에 붙은 철은 '밝을 철哲'이다. 그는 철학자이자 황제였다. 마르쿠스 아우렐리우스는 전쟁터에서 많은 업무에 시달리면서도 『명상록』이라는 저서를 남겼다.

그는 『명상록』에서 이렇게 이야기했다.

"스스로를 위해 아주 어려운 일을 하고자 한다면 그것이 불가능하다고 상상하지 마라. 그것이 가능한 일이라 생각하고 또 인간의 본성에 적절한 일이라면 당신 또한 쉽게 성취할 수 있다."

나는 모든 일을 긍정적으로 생각하고 이를 성취하기 위해 노력해야 한다는 것을 알게 되었다. 부정적인 생각보다 긍정적인 생각을 하는 것이 일을 성취하는 데 있어 훨씬 좋다.

고전 한 줄만으로도 생각하고 또 생각하라

또 다른 스토아학파 철학자로 앞에서 이미 언급했던 세네카가 있다. 네로 황제의 스승이기도 했던 그가 남긴 글에서도 많은 생각을 할 수 있다. 『하루 10분, 내 인생의 재발견』에서 저자 잭 캔필드는 세네카의 글을 소개하고 있다.

"여가가 주어져도 공부하지 않는 사람은 이미 죽은 것이나 다름이 없네. 살아 있으면서 이미 무덤에 묻힌 자들이지."

여가 시간에 공부를 하라고? 여기서 공부는 책상 앞에 앉아서 머리 싸매고 하는 공부를 말하는 것이 아니다. 여기서 공부는 배움을 뜻한다. 여러 활동을 통해서 배움을 지속하라는 것이다. 휴가 때, 편하게 누워서 휴식하고 좋은 음식과 술을 즐기는 것도 좋다. 하지만 세네카는 우리 삶에 있어서 의미가 있는 배움을 지속하라고 세네카는 이야기한다.

고대 로마인들이 적었던 문구들을 읽으면서 여러 가지 생각을 하게 된다. 마르쿠스 아우렐리우스와 세네카와 같은 시대를 살았던 사람들은 어땠을지 궁금해진다. 그들도 나처럼 책을 통해서 여러 가지 생각을 하지 않았을까.

책은 생각을 하는 데 있어 정말 훌륭한 도구라고 생각한다. 책을 읽다 보면 저자의 생각을 만나게 된다. 저자의 생각과 나의 생각이 만나서 또 다른 생각이 탄생할 수도 있다. 나의 관점과 저자의 관점을 비교해 보며 새로운 깨달음을 얻기도 한다.

바티칸 대법원 로타 로마냐Rota Romana의 변호사 한동일 교수의 저서 『라틴어 수업』에는 이런 내용이 나온다.

"저는 어려서부터 학교와 집에서 '공부해서 남 주냐?'라는 소리를 많이 들었습니다. 그때는 하지 못했던 대답을 지금은 자신 있게 할 수 있습니다. 이제는 정말 공부해서 남을 줘야 할 시대입니다. 지금 우리 사회의 청년들이 더 힘든 것은, 공부를 많이 한 사람들의 철학이 빈곤하기 때문입니다. 자신이 한 공부를 나눌 줄 모르고 사회를 위해 쓸 줄 모르는 사람들이 너무나 많아요. …… (하략)."

공부는 당연히 나 자신의 삶을 위한 것이고, 나의 개인적 발전을 위한 것이라고 생각했던 내게 깊은 울림을 주었다. 내가 그동안 해왔던 공부들이 도대체 무엇인지에 대해서도 다시 한 번 생각하게 되었다. 혼자서만 책을 많이 읽고 공부를 많이 해서 똑똑한 지식인이 되는 일에 어떤 의미가 있을까. 배운 것을 타인과 함께 나누고 실천할 줄 알아야 한다는 저자의 주장에 나를 되돌아볼 수 있었다.

중·고등학교부터 대학교 시절까지, 교실에서 배웠던 여러 지식들. 오랜 기간 동안 읽었던 여러 책들. 그리고 사회생활하면서 겪었던 여러 경험. 내가 배웠던 모든 것은 오직 내 안에만 잠들어 있고, 다른 사람들에게 아무 도움도 되지 못했다. 나 역시 사람들에게 의미 있는 무언가를 전달하고 싶다는 생각을 그때부터 하게 되었다.

　인간을 "생각하는 동물"이라고 한다. 아무 생각 없이 사는 것처럼 보이는 사람도 삶의 매 순간 여러 가지 생각을 하고 행동을 하며 살아간다. 우리가 살면서 어떤 생각을 하느냐가 매우 중요하다. 생각이 행동을 낳기 때문이다.

　『변신』이라는 제목의 소설로 유명한 프란츠 카프카는 이런 말을 했다.

　"책은 우리 안에서 꽁꽁 얼어붙은 바다를 부수는 도끼여야 한다."

　책은 때때로 우리에게 새로운 관점을 제공해주며, 우리의 고정 관념에 철퇴를 날린다. 책을 통해 우리의 생각이 변화하고, 우리의 행동이 변화한다. 고대 로마인들도 마찬가지였을 것이다. 스토아학파의 철학자인 세네카와 마르쿠스 아우렐리우스의 책을 읽고 느낀 바를 행동으로 옮겼을 것이다. 고대 로마인이 그랬던 것처럼 우리도 책을 읽고 우리의 행동에 변화를 만들어 가는 것은 어떨까.

캄피돌리오 광장의 마르쿠스 아우렐리우스 동상

로마의 캄피돌리오 언덕에는 캄피돌리오 광장이 있고, 그 가운데에 '철인 황제'였던 마르쿠스 아우렐리우스 황제의 동상이 있다. 마르쿠스 아우렐리우스 황제는 기독교를 박해했던 황제 중 한명이다. 그런데 과거에 기독교 사람들은 동상에 꽃을 가져다 놓으며 기도하곤 했다. 마르쿠스 아우렐리우스 황제의 동상을 보고, 콘스탄티누스 황제의 동상으로 착각한 것이다. 그들이 착각하지 않았다면 마르쿠스 아우렐리우스 황제의 동상은 이미 철거되었을 지도 모른다.

교양인을 위한 로마인 이야기

CHAPTER

V

로마에서 답을 찾다

32_ "메멘토 모리" 영원한 제국은 없다

33_ "로마는 영웅을 필요로 하지 않는 나라요" 시대가 영웅을 만든다

34_ "인간사는 선대의 그것을 닮게 되나니" 역사는 반복된다

35_ "위대한 제국은 소심함으로 유지되지 않는다" 위기는 곧 기회다

36_ "사람은 자기가 보고 싶은 현실만 본다" 세상은 아는 만큼 보인다

37_ "현재와 과거는 끊임없이 대화한다" 역사를 통해서 배워라

38_ "오늘은 나에게, 내일은 너에게" 역사를 잊은 민족에게 미래는 없다

"메멘토 모리" 영원한 제국은 없다

우승은 어제 내린 눈일 뿐이다.

— 리누스 미헬스, 전 네덜란드 축구국가대표팀 감독

1,200년 역사의 로마도 몰락했다

로마에 여행 갔을 때였다. 저녁을 먹고 나서 숙소에서 지도를 보며 내일은 어디를 가볼까 고민했다. 고대 로마 시대에 많은 사람에게 물을 공급하기 위해서 건설했던 수도교를 가봐야겠다는 생각이 문득 들었다. 가이드북에서는 해 질 녘에 가면 멋진 일몰과 함께 수도교를 볼 수 있다고 했다. 관광객들이 거의 가지 않은 외진 곳이긴 했지만 한 번 다녀오자고 마음먹었다.

수도교를 찾아가는 길은 쉽지는 않았다. 가이드북에 나온 지하철역에서 내리긴 했는데 어느 길이 맞는지 알 수가 없었다. 사람들에게 물어보려 했지만, 쉽지 않았다. 당장 '수도교'를 영어로 뭐라고 해야 할지조차 생각나지 않았다.

해가 서쪽 끝에 걸려서 마지막 인사를 하려는 시간이었다. 나는 웅장하고 멋있는 수도교를 보고 싶었다. 고대 로마인들이 건설한 수도교는 매우 과학적이었다. 보기에는 단순해 보여도 0.00001도 기울기가 기울어져 있다. 겉으로 보면 알기 힘들 정도다. 하지만 기울어져 있었기에 물이 수원에서 로마까지 흐를 수 있었다. 내 눈으로 그 웅장한 모습을 확인하고 싶었다.

보기에는 단순해 보여도 0.00001도 기울기가 기울어져 있다.
겉으로 보면 알기 힘들 정도다.
하지만 기울어져 있었기에 물이 수원에서 로마까지 흐를 수 있었다.

우여곡절 끝에 찾아가긴 했다. 하지만 로마에서 직접 본 수도교는 달 랐다. 나의 상상과 눈앞의 모습은 일치하지 않았다. 내 앞의 수도교는 초 라했다. 오래전부터 그 기능을 잃은 듯이 수도교 주변으로 잡초가 무성 했다. 그리고 포로 로마노까지 이어져야 할 수도교는 듬성듬성 끊겨 있 는 부분이 많았다.

476년 로마 제국이 멸망한 이후, 로마라는 도시도 점점 쇠퇴했을 것이 다. 도시와 도시를 이어주던 도로가 끊기고, 수원에서 로마로 물을 운반 해주던 수도교도 그 기능을 다 했을 것이다. 로마 제국의 번영을 보여주 는 수도교를 보러 갔다가 로마 제국의 쇠퇴와 멸망을 보고 왔다.

메멘토 모리|Memento Mori의 의미

오랜 시간 동안 융성했던 로마도 멸망했다. 태양이 동쪽에서 떴다가 서쪽으로 가는 것처럼 로마도 높이 올라갔다가 서쪽 하늘로 물러갔다. 이민족의 침략 속에서 하나둘 떨어져 나간 수도교의 돌처럼, 역사는 허 망하다. 화려한 과거는 과거일 뿐 다시 돌아오지 않는 시간이다.

드넓은 세계를 지배했던 로마도 이렇게 멸망했다. 어디 로마뿐이겠는 가? 다른 나라도 마찬가지다. 만주벌판을 호령하며 여러 전투에서 수많 은 승리를 거둔 광개토대왕의 고구려도 멸망했다. 우리나라와 이웃인 중 국에도 세기 힘들 정도로 많은 나라가 세워졌다가 사라졌다. 몽골은 유라시아 대륙에 걸쳐서 역사상 가장 넓은 지역을 지배하였다. 하지만 몽골도 마찬가지로 그 광대한 영토를 오랫동안 유지하지 못했다.

역사는 이렇게 수많은 나라가 흥망성쇠를 거듭했음을 이야기하고 있다. 그렇다면 현재를 살고 있는 우리도 마찬가지가 아닐까? 미래의 일은 아무도 모른다. 하지만 그동안 역사가 보여준 것처럼, 지금 세계를 주름잡는 여러 강대국들도 언젠가는 그 힘을 잃을 날이 올 수도 있다.

국가도 역사의 흐름 속에 놓고 봤을 때 영원하지 않은 것처럼, 인간도 영원히 살 수 없다. 의학 기술의 발달과 함께 사람의 수명은 점점 길어지고 있다. 100세가 넘도록 사는 사람들도 점점 늘어날 것이다. 하지만 그럼에도 불구하고 한 가지 분명한 사실이 있다. 모든 사람들은 언젠가 죽는다. 죽음은 미래에 100% 일어나는 일이다. 그게 언제인지는 아무도 알 수 없지만 언젠가는 일어난다. 절대 피할 수 없는 일이기도 하다.

이 책의 1장에서 나는 "메멘토 모리Memento Mori."라는 라틴어 경구를 소개한 바 있다. "죽음을 기억하라." 인생 최고의 순간을 만끽하고 있는 개선장군에게 그 말은 지금의 이 순간이 영원하지 않을 것임을 이야기한다. '겸손'의 가치를 강조하고 있다고 언급한 바 있지만, 사실 이 말은 다른 의미도 가지고 있다.

죽음과 삶에 대하여

죽음이라는 단어, 그 자체가 우리 인생에 있어서 많은 생각을 하게 만들기 때문이다. 오래전 일이라 기억이 정확하지 않지만, 중학교 때 유서를 적어봤다. 어린 나이에 무슨 유서냐 하고 이야기할 수도 있겠지만, 사실 뭐라고 적었는지도 기억이 나지 않는다. 하지만 그때 유서를 적고 읽으며 생각했던 것은 '똑바로 살아야 한다.'는 것이다. 앞으로 내가 언제 죽을지 모르지만, 헛되이 살다가 가지 않기 위해서 노력해야겠다는 마음가짐이 들었다. 앞으로의 나는 지금과는 달라야 한다고 생각했다.

이렇게 사람은 죽음을 조금이라도 마주하게 되면 삶에 대한 생각이 달라진다. 지금은 고인이 된 스티브 잡스가 스탠포드 대학교에서 했던 연설이 기억난다. 그는 자신의 인생에서 가장 중요했던 점을 이야기하며 '죽음'에 관해 이야기한다. 몇 개월밖에 남지 않은 시한부 인생을 살고 있던 그는 수술을 받고 건강을 되찾았다. 다행히 그의 암은 수술로 충분히 치료가 될 수 있었다. 이 경험을 통해서 그는 죽음이 사람들 모두의 최종 목적지라는 것을 알게 되었다고 한다. 그는 이렇게 이야기한다.

"죽음은 삶의 변화를 주도하는 존재입니다. 죽음은 새것에 길을 내주기 위해 헌것을 청소해줍니다. 지금 당장은 여러분이 새것이지만 그리 멀지 않은 훗날 여러분도 헌것이 되고 사라질 것입니다. 너무 연극처럼 얘기해서 미안하지만 엄연한 사실입니다. 여러분의 시간은 한정되어 있습니다. 따라서 다른 사람의 삶을 사느라 시간을 낭비하지 마십시오. 다른 사람들의 생각의 결과물에 불과한 도그마에 빠져 살지 마십시오. 타인의 견해라는 소음이 여러분 내면의 목소리를 덮어버리지 못하게 하세요. 가장 중요한 것은 여러분의 마음과 직관을 따르는 용기를 가지라는 것입니다."

시간은 우리를 기다려주지 않는다

"메멘토 모리."라는 말은 우리의 시간이 한정되어 있음을 이야기한다. 우주의 시간은 영원히 흘러갈 것이다. 하지만 우리의 시간은 한정되어 있다. 삶이 유한하다면, 우리에게 주어진 시간이 이렇게 짧다면 우리는 어떻게 살아야 할까?

자신의 삶에 있어서 무엇이 중요한지, 내가 어떻게 살아야 할 것인지, 내가 살아가면서 꼭 이루고 싶은 것은 무엇인지. 다시 한 번 생각해본다. 죽음에 대하여 생각하면 오히려 우리의 삶에 대해서 더 깊게 생각해보게 된다. 오늘 하루를 헛되이 보내지 말아야겠다고 다짐한다.

결국 우리는 "메멘토 모리."라는 말을 통해서 다시 오지 않을 지금 이 순간을 충실하게 살아가야 한다는 교훈을 얻는다.

그러고 보니 내가 좋아했던 그룹 서태지와 아이들도 이렇게 말했다. 서태지와 아이들 1집 앨범 수록곡 〈환상속의 그대〉에서 "시간은 그대를 위해 멈춰 기다리지 않는다."라고. 그렇다. 시간은 그 누구도 기다려주지 않는다. 웅장하고 화려했던 로마 제국도 사라졌듯이 수많은 나라도 태어 났다가 사라졌다. 영원한 것은 없다. 언젠가 우리도 사라질 것이다. 지금 도 우리 삶의 모래시계 속 모래는 계속 줄어들고 있다. 그렇기 때문에 지 금 현재를 더욱 충실히 살아야만 한다고 생각한다.

삶의 순간순간은 그 무엇과도 바꿀 수 없을 만큼 소중함을 반드시 기 억했으면 한다.

"로마는 영웅을 필요로 하지 않는 나라요"
시대가 영웅을 만든다

지도자에게 요구되는 자질은 다음의 다섯 가지다.
지성, 설득력, 지구력, 자제력, 지속적인 의지.
카이사르만이 이 모든 자질을 두루 갖추고 있었다.

— 이탈리아 고등학교 역사교과서

평화의 시대에는 영웅이 필요 없다

역사 속에서 뛰어난 역량을 지녀 탁월한 성과를 만들어낸 인물들을 많이 볼 수 있다. 우리는 그런 사람들을 영웅이라고 부른다. 그렇다면 그 영웅과 동일한 시대를 살았던 보통 사람들의 삶은 행복했을까? 집에서 하루에 세 끼 식사를 하며 가족들과 웃으며 살 수 있었을까? 그에 대한 대답은 "NO!"이다. 영웅들이 살았던 시대를 살펴보면 수많은 문제가 있었던 난세였음을 알 수 있다. 다른 국가와 끊임없이 전쟁이 벌어졌다. 심지어 같은 국가 안에서도 전쟁이 벌어졌다. 그리고 상식 밖에 있는 왕의 폭정에 보통 사람들은 괴로워했다. 혼란스러웠던 시대, 즉 난세였기에 영웅도 탄생할 수 있었다.

사실 평화롭고 안정적인 시대에는 영웅이 필요 없다. 국가, 사회적으로 혼란스럽지 않기 때문에 문제가 발생할 가능성이 없다. 평범한 일상이 계속 반복된다. 이런 시대가 계속되는 것만큼 행복한 일은 없다. 5현제 시대의 네 번째 황제인 안토니누스 피우스 황제 시절이 그랬다. 당시 로마인들은 안토니누스 피우스 황제가 통치하던 시대를 "질서 있는 평온"이라고 표현했다. 특별한 일이 일어나지 않았다. 그래서 역사적으로도 기록될 만한 사건도 없었다. 국가, 사회적으로 별다른 문제 없이 흘러갔던 시절이었기 때문에 역사에 남아 있는 기록도 없다.

난세에 영웅이 태어난다

하지만 이런 평온한 역사는 계속되지 않는다. 신이 무료함을 견디지 못해서인 걸까? 내부 혹은 외부로부터 새로운 바람이 불어오기 시작하고, 결국 문제가 발생한다. 역사라는 것이 원래 그렇다. 파도의 흐름처럼 잔잔했다가 요동치는 것을 반복한다.

중요한 것은 거센 파도를 넘어가느냐 못 넘어가느냐. 역사는 그렇게 우리를 시험한다. 역사 속에서 파도타기를 잘한 국가가 오래 살아남았다. 조선의 역사를 봤을 때 우리의 선조들이 직면했던 가장 큰 파도는 임진왜란이었다. 임진왜란을 기준으로 조선 시대를 전기와 후기로 나눈다. 임진왜란은 그 정도로 큰 의미가 있는 사건이었다.

조선이 임진왜란이라는 파도를 넘어갈 수 있었던 것은 이순신이라는 불멸의 영웅이 있었기 때문이다. 왜군은 부산에 상륙한 이후 파죽지세로 수도 한양을 향해 공격해 간다. 일본의 최신 무기였던 조총에 적응하지 못했던 조선의 병사들은 패배를 거듭했다. 당시 왕이었던 선조는 평양으로, 다시 평양에서 신의주로 피난을 간다.

조선이 풍전등화의 위기에 빠진 때, 바다에서 이순신의 활약이 시작된다. 왜군과의 해전에서 연전연승을 하면서 일본에서 들어오는 해상 보급을 차단한다. 왜군은 민가를 약탈하며 자체적으로 군량을 해결해보려고 했지만 한계가 있었다. 본국으로부터의 지원을 전혀 받지 못한 왜군은 힘을 서서히 잃어간다. 이순신의 활약이 있었기 때문에 조선은 거대한 파도를 넘어갈 수 있었다.

  고려 말에도 큰 파도가 있었다. 그 파도를 일으키는 바람은 안팎에서 왔다. 당시에 곳곳에 왜구가 나타나 노략질을 하며 백성들을 괴롭혔다. 그래서 이를 해결하기 위해 나선 세력이 있었으니 바로 최영 장군과 이성계 장군이었다. 백성들은 두 사람의 활약에 기뻐했다.

  이후 이성계 장군은 신진사대부 계층과 힘을 합쳐서 새로운 나라인 조선을 건국했다. 태조 이성계는 많은 사람의 근심거리였던 왜구를 토벌하는 데 성공해 백성들의 지지와 권력을 얻는다. 그리고 정도전으로 대표되는 신진사대부 계층과 함께 새로운 나라를 건설한다. 영웅은 잔잔한 호수가 아니라 거친 파도 속에서 태어난다.

  로마 역시 마찬가지였다. 여러 국가와의 전쟁에서 승리하며 영토를 넓혀가던 로마에게도 하나의 거대한 파도가 찾아온다. 그 파도의 이름은 카르타고의 한니발. 임진왜란 때 조선의 땅이 왜구에 의해 유린당한 것처럼 한니발은 이탈리아반도의 남쪽을 유린한다. 이때 등장한 로마의 영웅은 파비우스였다. 그는 '이탈리아의 방패'라는 별명으로 불릴 정도로 많은 사람의 믿음을 얻었다. 이어 그를 뛰어넘는 영웅이 등장했다. 바로 스키피오다. 그는 북아프리카에서 한니발이 이끄는 카르타고 군을 격퇴

하면서 "아프리카누스아프리카를 평정한 자"라는 칭호까지 얻게 된다. 포에니 전쟁이 스키피오 아프리카누스라는 영웅을 낳은 것이다.

민주화를 이룩한 우리 사회의 영웅들

현재 우리 사회에도 영웅이 있다. 바로 국민이다. 서구의 여러 나라가 300년에서 400년에 걸쳐 이룬 산업화와 민주화를 40년 만에 이뤄냈다. 6·25 전쟁 이후 세계 최빈국이었던 나라는 어느새 경제 규모 11위의 나라로 성장했다. 그리고 헌법에 명시된 "민주 공화국"이라는 말과 다르게 비상식적인 군부 독재가 실행되던 정치는 1987년 6월 역사의 뒤안길로 사라졌다.

특출난 개인에 의해서 이런 변화들이 이뤄진 것은 아니다. 사회적으로 옳지 못하다고 생각한 일에 저항하고 바로 잡고자 노력했던 많은 사람이 있었기에 가능했다.

내가 대학교 신입생일 때, 운동권 동아리 활동을 하던 친구들이 몇 명 있었다. 그때에는 친구들을 이해하지 못했다. 그런 활동을 하지 않더라도 충분히 학교생활 재미있게 할 수 있는데, 공부하느라 바쁜데…….

물론 몇 명의 친구들은 선배들의 강요에 의해 활동을 했다. 하지만 몇 명은 교외에서 지속적으로 시위를 계속했다. 군부 정권이 가만히 있을 리가 없었다. 이런 과정에서 수많은 학생이 연행되고 수감되었다.

나는 1982년에 태어났다. 내가 동네 친구들과 딱지치기에 열중하고 있

사회를 변화시키고자 했던
여러 사람의 의지가 한데 모이지 않았다면,
민주화가 이뤄지기까지 더 오랜 세월이 걸렸을지도 모르겠다.
자신이 부딪히게 될 위험을 감수하고 행동에 나선 사람들이 모두 영웅이다.

교양인을 위한 로마인 이야기

을 때 세상은 변하고 있었다. 학생들의 주도하에 지속되던 반정부 시위에 일반 시민들도 참여하게 되었다. 전국에 있는 여러 도시에서 시위가 벌어졌고, 시위의 불길은 더 커져갔다. 1987년 민정당 노태우 대통령 후보가 시국 수습을 위한 특별 선언을 발표했고 대규모 반정부 시위는 막을 내렸다.

사회를 변화시키고자 했던 여러 사람의 의지가 한데 모이지 않았다면, 민주화가 이뤄지기까지 더 오랜 세월이 걸렸을지도 모르겠다. 자신이 부딪히게 될 위험을 감수하고 행동에 나선 사람들이 모두 영웅이다.

앞에서 언급한 "이탈리아의 방패"로 불렸던 파비우스는 이야기했다.

"로마는 영웅을 필요로 하지 않는 나라요."

곰곰이 생각해보면 정말로 영웅이 필요 없지는 않았을 것이다. 파비우스가 그렇게 이야기했던 것은 그 어느 누구보다 로마 시민들의 힘을 믿었기 때문이다.

그렇게 생각해보면 우리나라도 자부심을 가져야 한다. 광장을 뒤덮은 촛불은 대한민국의 국민들이 보여준 힘이었다. 촛불은 한 나라의 대통령이라도 잘못한 일이 있다면 심판을 받아야 한다고 이야기했다. 수십만이 모인 집회에서 아무런 사고도 없었고, 불상사도 거의 일어나지 않았다. 민주주의의 주체로서 무엇이 옳고 그르냐를 판단하고 변화를 이끌어간 우리나라의 시민들은 우리 사회의 영웅과도 같다.

"인간사는 선대의 그것을 닮게 되나니"
역사는 반복된다

역사가 되풀이되고 예상치 못한 일이 반복해서 일어난다면
인간은 얼마나 경험에서 배울 줄 모르는 존재인가.

– 조지 버나드 쇼, 미국의 극작가

우리나라 역사에서도 비슷한 일이 반복되었다

어릴 적 학교에서 배웠던 노래 중에 〈우리의 소원〉이라는 노래가 있다. 그 노래는 1947년에 서울대 음대를 졸업한 안병원이 작곡한 노래다. 그 노래가 처음 만들어졌을 때 우리나라는 미 군정 시기였다. 일제로부터 독립은 했으나 미군에 의해서 신탁 통치를 받는 시기였다. 그래서 원래 그 노래의 가사도 "우리의 소원은 독립/꿈에도 소원은 독립"으로 되어 있었다.

하지만 미군과 소련군이 물러간 이후, 남한과 북한에 각각 다른 이념을 가진 정부가 들어서게 되었다. 그 이후부터 노래의 가사가 바뀌었다. "우리의 소원은 통일/꿈에도 소원은 통일"로 말이다. 민족의 염원을 표현한 노래의 의의는 같은데 가사만 바뀐 셈이다.

김구와 같은 우리나라의 민족 지도자들은 한반도 내에 하나의 통일된 정부를 만들려고 노력했다. 하지만 미국과 소련이 대치하던 냉전 시대에 우리 민족의 뜻과 무관하게 남과 북으로 나누어지게 되었다. 이후 우리 민족의 비극인 6·25가 일어났고, 우리나라의 의지와는 상관없이 한반도에는 2개의 나라가 들어섰다. 지금까지도 통일은 이루어지지 않고 있다. 독립하면서 우리나라가 미군과 소련군의 신탁 통치를 받지 않았다면 분단도 일어나지 않았을 것이다.

그런데 그 이전에도 다른 나라에 의해서 남과 북으로 나눠질 뻔한 일이 있었다. 바로 임진왜란 때다. 왜군은 부산에 상륙한 뒤, 빠른 속도로 북상했다. 조선이 무너질 경우 바로 왜의 침략을 받을 수 있다는 사실을 고려한 명나라는 조선으로 군대를 파견한다. 하지만 당시 초기에 파견된 군대의 화력은 일본군에 비해 너무나 약했다. 그래서 시간을 벌어보겠다는 계산으로 왜와 협상을 하고자 했다. 당시 왜의 사령관이었던 고니시 유키나가가 이렇게 이야기했다고 한다.

"우리가 점령하고 있는 대동강을 기점으로 한반도를 분할하자."

대동강 이남은 왜가, 대동강 이북은 명나라가 차지하자는 뜻이었다. 손님 2명이 들어와서 아무런 허락도 없이 주인의 재산을 나눠가지겠다는 말과 같다. 다행히 한반도가 둘로 나뉘는 일은 발생하지 않았다. 하지만 이때의 일은 스스로 자신의 국가를 지킬 수 있는 전력을 갖지 못한 채 외세의 힘을 빌려 전쟁을 할 때, 어떤 일을 겪게 되는지를 알려주었다.

이 두 가지 사건은 국가가 힘을 갖지 못하면 외교적으로 어떤 상황에 처하게 되는지 보여주는 예다. 어떤 나라든 자신의 국가를 지킬 수 있는 힘을 가지고 있어야 한다. 조선 시대 때 임진왜란으로 고생을 했다면, 부국강병을 통해 강한 나라를 만들 수 있도록 노력해야 했다. 하지만 그렇게 하지 못했다. 이후 구한말, 우리나라는 열강들에게 각종 이권을 빼앗

기다가 일제 강점기를 맞는다. 그리고 광복 이후에는 우리나라의 의지와 무관하게 남과 북으로 나뉘었다. 역사는 비슷한 일이 다시 반복될 수 있음을 이야기하고 있다.

인간은 끝없이 욕망하는 존재라서 그럴까? 대부분의 기득권 계층은 자신이 가지고 있는 것을 다른 사람과 잘 나누려 하지 않는다. 누군가 나눠서 같이 쓰자고 이야기를 해도 싫어한다. 물질적인 것도 그렇지만, 그 외에 다른 것도 마찬가지다. 앞에서 '리키니우스−섹스티우스 법'에 대해서 언급한 바가 있다. 이 법이 제정되었을 때 로마는 공화정 시대였다. 시민들은 끝없이 전쟁에 동원되었다. 결국 "전쟁은 우리가 하는데, 이득은 귀족들이 본다!"라며 자신들의 권리를 주장했다. 그리고 '리키니우스 법'으로 인해서 시민들도 집정관을 비롯하여 로마의 모든 관직에 지원할 수 있게 되었다. 이와 같이 사람들이 자신의 권리를 주장하고, 이를 위해서 투쟁하는 모습은 시대를 초월하여 곳곳에서 반복된다.

1960년대 미국에는 흑인 차별을 반대하며 많은 집회가 열렸다. 그 중심에는 마틴 루터 킹 목사가 있었다. 대학교 시절에 나는 영어 명연설문이 녹음된 CD를 듣곤 했다. 그 CD에는 2번 트랙으로 마틴 루터 킹 목사의 연설이 담겨 있었다.

그리고 '리키니우스 법'으로 인해서 시민들도 집정관을 비롯하여
로마의 모든 관직에 지원할 수 있게 되었다.
이와 같이 사람들이 자신의 권리를 주장하고,
이를 위해서 투쟁하는 모습은 시대를 초월하여 곳곳에서 반복된다.

"나에게는 꿈이 있습니다. 언젠가 조지아의 붉은 언덕에서 노예의 후손과 주인의 후손이 동포애의 탁자 앞에 나란히 앉는 꿈이. 나에게는 꿈이 있습니다. 네 명의 내 아이들이 피부색이 아니라 인격으로 평가받는 나라에서 사는 꿈이."

그는 모든 흑인들이 피부색으로 인해 차별을 받지 않은 나라를 만들기 위해 노력했다. 그가 "나에게는 꿈이 있습니다."라는 연설을 했던 워싱턴에는 20만 명의 사람들이 모여 집회를 했다고 한다. 그곳에는 흑인만 있었던 것도 아니었다. 많은 사람들이 수많은 위협 속에서도 꿋꿋하게 비폭력 무저항 운동을 이어갔다. 정말 대단한 운동이었다. 비폭력 무저항 운동은 본인이 신체적, 정신적 상처를 입더라도 절대 보복하지 않는 것이 핵심이기 때문이다.

2016년 겨울, 우리나라의 광화문에는 촛불이 있었다. 부패하고 무능한 정부에 대한 심판을 원했다. 그리고 권력의 정점에 있는 사람이라고 하더라도 잘못했다면 처벌받아야 한다는 정의가 실행되기를 바랐다. 어떻게 저런 사람이 대통령이 될 수 있었을까! 결국 사상 최초로 국가의 수반인 현직 대통령이 구속되고, 재판부의 심판을 받아야 했다.

교양인을 위한 로마인 이야기

역사는 반복된다

역사는 반복된다. 물론 역사 속 사건들이 펼쳐지는 시간적·공간적 배경은 매우 다르다. 『톰 소여의 모험』으로 유명한 미국의 소설가 마크 트웨인은 이렇게 이야기했다.

"과거는 그대로 반복되지는 않을지라도, 분명 그 운율은 반복된다."

그렇다. 당연히 똑같은 모습으로 역사가 반복되는 것은 아니다. 그 시대의 배경과 당시 살았던 사람들에 따라 나타나는 모습에 차이가 있다.

그렇다면 왜 그렇게 비슷한 일이 반복되는 것일까? 그것은 역사 속 주인공이 모두 사람이기 때문이다. 2,000년 전의 사람들과 1,000년 전의 사람들, 그리고 현재를 살아가는 사람들이 크게 달라지지 않았다. 사람들은 누구든지 어제보다 나은 오늘, 오늘보다 나은 내일을 꿈꾼다. 이런 꿈조차 꿀 수 없을 때, 꿈이 이뤄질 수 없다는 것을 알았을 때 사람들은 분노한다. 분노는 행동으로 나타난다.

자신들의 자유, 권리를 찾고 보다 더 정의로운 사회를 만들려고 했던 사람들은 어느 시대에든 존재했다. 이를 위해서 어떤 이들은 파업을 하고, 어떤 이들은 워싱턴에 모여 행진을 했다. 그리고 또 어떤 이들은 촛불을 들었다.

미래를 예상하기에 가장 좋은 도구는 역사다

이탈리아 르네상스 시대 피렌체 공화국의 외교관, 사상가, 역사가였던 니콜로 마키아벨리는 그의 저서 『로마사 논고』에서 이렇게 이야기했다.

"미래를 내다보고자 하는 자는 과거를 돌이킬지어다. 인간사는 선대의 그것을 닮게 되나니. 이는 그 사건들이 그때 살던 사람이든 지금 사는 사람이든 동일한 성정을 지닌 사람들에 의해 창조되고 생명을 얻었기 때문이며, 그로써 그것들은 같은 결과를 얻게 되는 것이다."

미래를 예상하기 위한 가장 좋은 도구로 역사를 이야기하고 있다. 과거에 일어났던 일들을 살펴보다보면, 역사는 흐름을 이야기해줄 것이라고. 과거의 사람과 지금의 사람이 크게 다르지 않으니, 이들이 이끌어 가는 대로 미래도 눈앞에 펼쳐질 것이라고 이야기한다.

역사에 관심을 갖고 살펴보면 과거를 통해 현재를 더욱 잘 이해할 수 있다. 그리고 역사는 미래를 비춰주는 거울의 역할을 하기도 한다. 그렇기 때문에 역사를 알고 이해하게 되면 유익하다. 중요한 선택을 해야 할 순간에 역사가 당신의 선택에 확신을 심어줄 것이다.

역사가 반복된다는 사실 하나만으로도 우리는 역사를 통해 많은 것을 얻을 수 있다. 하지만 어렵고 따분하고 지루하다는 이유로 많은 사람들이 외면한다. 나 역시도 그런 적이 있다. 대학교 전공을 선택할 때, 사학과 졸업 후의 진로를 걱정하면서 경영학과를 선택했었다. 역사는 재미있다. 지금 서점에도 대중들의 눈높이에 맞춰진 책이 많이 등장하고 있다. 책이 어렵다면, 유튜브에서 관련 영상을 찾아보자. 그게 어렵다면 사극 드라마나 영화부터 시작해도 좋다. 역사에 대한 관심 갖기, 거기서부터 한 번 시작해보자.

"위대한 제국은 소심함으로 유지되지 않는다"
위기는 곧 기회다

아무리 나쁜 결과로 끝난 일이라 해도
애초에 그 일을 시작한 동기는 선의였다.

– 가이우스 율리우스 카이사르, 고대 로마의 정치가 · 장군

로마가 찬란하기만 했을까?

"Vamos Champion 너를 믿어. Vamos Champion 너를 믿어."

축구장에서 부르는 응원가 중에 이런 것이 있다. 나는 FC서울을 응원하는 축구팬이기도 하다. FC서울을 응원하며 함께 경기를 보는 소모임에 가입했다.

모든 스포츠가 그렇듯 축구에도 흐름이라는 것이 있다. 90분 동안 이어지는 경기 속에서 주도권을 쥐었다가 뺏겼다가 한다. A팀이 공세를 퍼부을 때가 있는가 하면, B팀이 경기를 주도할 때가 있다. A팀은 주도권을 잡고 경기를 풀어가며 골을 넣을 찬스를 만들려고 하면 B팀은 A팀의 공격을 효과적으로 막으려 한다. 위기 상황에서는 어떻게든 득점을 내주지 않기 위해 노력한다.

스포츠에는 그런 말이 있다. "위기 뒤에 기회가 온다." 우리 팀에게 위기는 상대방에게는 기회다. 상대방은 그 기회를 이용해 득점을 하기 위해서 다소 무리를 하게 된다. 그렇기 때문에 위기를 벗어난 뒤에는 역으로 우리 팀이 득점을 할 수 있는 기회를 얻을 수 있다. 상대방의 공격을 끊은 후에 빠른 속도로 전방으로 공격해 상대 진영으로 침투하여 골을 넣는 것을 흔히 역습이라고 한다. 위기 상황이 때로는 기회로 작용할 수 있다. 위기를 버텨내고 이겨내면 기회가 온다.

이는 단지 스포츠에만 적용되는 사실은 아니다. 로마인의 역사를 살펴봐도 그 사실을 알 수 있다. 많은 사람이 로마가 정복한 거대한 영토와 찬란한 문명을 이야기한다. 눈으로 보이는 것이기 때문이다. 하지만 눈에 보이는 것이 전부가 아니다. 우리는 로마인이 살아왔던 과정을 살펴볼 필요가 있다. 거미줄과 닮게 건설된 가도처럼 그들이 평탄한 길을 걸어왔던 것은 아니기 때문이다.

로마가 이겨냈던 위기

로마의 역사가 타키투스는 이렇게 말했다.

"위대한 제국은 소심함으로 유지되지 않는다."

로마의 역사가 매력적인 것은 그들이 수많은 시행착오 속에서 위기를 겪고 이를 이겨냈기 때문이다. 로마 역사는 뛰어난 능력을 지닌 화가가 그저 마음 가는 대로 훅훅 그린 명작이 아니었다. 오랜 시간 동안. 때로는 인고의 시간을 버텨 이룩한 작품이었다. 제국을 세우고 영토를 넓혀가며 유지했다. 역사 속에는 분명 영웅도 존재하지만, 전체적인 흐름을 보면 로마 역사는 영웅들의 역사가 아니다. 그래서 더 매력적이다.

앞에서 수차례 언급했던 카르타고와의 포에니 전쟁을 제외하고도 로마에는 많은 위기가 있었다. 1,200년의 역사에서 로마인이 겪었던 위기는 어떤 것이 있을까?

서기 68년 6월, 원로원과 시민들의 신임을 잃은 네로 황제는 30세의 나이로 자결한다. 원로원과 황제 근위병의 추대로 귀족 출신인 갈바라는 인물이 황제가 된다. 하지만 그는 사람들의 신임을 잃고, 69년 1월 15일에 로마 시내에서 살해된다. 다음에 황제에 즉위한 사람은 오토였다.

그런데 1월 2일에 독일 라인강 인근의 군단 병사들이 갈바가 황제가 된 것에 대해 반발하여 그들의 총사령관을 황제로 추대했다. 그의 이름은 비텔리우스였다. 비텔리우스는 10만 여명의 병사를 이끌고 로마로 진군한다. 당시는 지금과 같이 정보 통신 기술이 발전된 시대가 아니었다. 오토는 비텔리우스가 진군하고 있다는 사실을 몰랐다. 결국 오토는 황제가 되자마자 강력한 적을 만나게 됐다.

다행히 다른 지역 군단인 도나우 군단이 그를 지지하고, 비텔리우스와의 전투를 위해 이탈리아로 이동했다. 하지만 이탈리아 북부 지방에서의 전투에서 오토의 군대는 패했고, 그는 자결한다. 오토는 자결하면서 더 이상의 내전이 없기를 바랐을까? 하지만 그의 바람은 이뤄지지 못했다.

비텔리우스는 정치적인 능력이 없었다. 그는 오토와의 내전 당시 그와 대적했던 도나우 군단에게 도시 크레모나에 경기장을 건설하게 했다. 비텔리우스는 이 일로 도나우 군단의 원한을 사게 되었다. 도나우 군단은 자신의 근무지로 돌아갔다가 다시 로마로 진군한다. 비텔리우스의 병사들은 전투에서 패하고, 그는 포로 로마노에서 살해된 후, 테베레강에 던져졌다.

1년 사이에 황제가 3명 죽고, 네 번째 황제가 등장했다. 그가 바로 베스파시아누스 황제다. 지금 로마 시내에 있는 콜로세움이 그의 시대 때 건설되기 시작한 건물이었다. 베스파니아누스와 그의 두 아들인 티투스와 도미티아누스가 27년간 통치하면서 로마는 안정되었다. 많은 역사가는 그들이 로마 제국이 번영할 수 있는 기반을 닦았다고 평가한다. 실제로 이후 로마는 5현제 시대를 맞이하게 된다.

로마가 이겨내지 못했던 위기

그리고 이번에는 시계를 서기 5세기로 돌려보자. 로마는 이민족의 침입에 시달리게 된다. 외부에서 온 강력한 침입에 시달리게 된 것이다. 세계사 교과서에서는 현재 중앙아시아 지역에 있던 훈족이 유럽 쪽으로 세력을 확장했고, 이로 인해서 게르만족의 대이동이 일어났다고 한다.

4세기 말부터 로마는 게르만족의 침입에 대처해야 했다. 당시 로마의 황제였던 테오도시우스 황제는 당시 전투를 벌이던 고트족에게 자신들이 차지한 지역을 지키도록 했다. 당시 로마의 국력은 예전과 달리 약해진 상태였다. 395년, 테오도시우스 황제는 48세의 나이로 죽으면서 로마 제국을 그의 어린 두 아들에게 나눠서 통치하게 했다. 이로 인해서 서로마 제국과 동로마 제국으로 나뉘었다. 이민족의 침입이 계속되는 상황에서 국가의 힘을 최대한 동원해도 모자랄 때, 국가를 둘로 나눈 것이었다. 그리고 그 두 아들은 모두 10대였다. 로마라는 큰 나라를 통치하기에는 너무 어렸다.

서로마 제국에는 스틸리코라는 뛰어난 장군이 등장하여 이민족들의 침략에 대응하고자 하지만 소용없었다. 아틸라의 군대가 이끄는 훈족은 서로마 제국 전체를 유린했다. 그들이 지나간 자리에는 풀 한 포기조차 나지 않는다고 할 정도였다.

서기 476년, 게르만족의 용병 대장이었던 오도아케르가 당시 황제였던 로물루스를 강제 퇴위시켰고, 서로마 제국은 멸망했다. 1,200년에 걸쳐서 이어진 제국도 위기 속에서 힘을 잃고 무너졌다.

68년의 로마와 476년의 로마가 처한 위기는 확실히 다르다. 476년에는 정말 강력한 상대인 훈족을 상대해야 했다. 그에 비해 68년의 위기는 내란이 문제였다. 성격이 다르긴 하지만 두 시기에 로마가 가지고 있던 힘 또한 달랐다.

외부 환경이 다르긴 했지만, 5세기의 로마는 이미 내부적으로 버틸 만한 힘이 없었다. 위기 상황을 마주했을 때에 버티는 힘이 없다면 무너지게 된다. 그리고 이는 패배로 이어진다. 로마의 경우 이 순간이 멸망으로 이어졌다.

위기는 언제든 찾아올 수 있다. 이를 버티고 이겨내면 기회가 온다. 그런데 이를 넘기지 못하는 경우가 많다. 외부 환경에도 휩쓸리지 않는 강한 내부의 힘은 개인과 조직 모두에게 중요하다. 긍정적인 마인드를 잃지 않고 노력할 줄 아는 사람에게는 위기 속에서도 포기하지 않고 버틸 만한 힘이 있다. 지금 이 순간, 지치고 힘들어도 긍정적인 생각을 하며 포기하지 말자. 비 온 뒤에 땅이 굳어지듯이, 우리 모두 세차게 내리는 빗속에서 버텨내면 저 멀리 하늘에 뜬 무지개를 바라볼 수 있을 것이다.

로마를 연고지로 하고 있는 축구팀 AS로마

이탈리아 사람들은 축구를 좋아한다. 수도 로마에도 축구팀이 있다. 바로 "AS로마"다. 2002년에 우리나라와의 16강전에서 시뮬레이션 액션으로 퇴장당한 프란체스코 토티가 은퇴 전까지 뛰었던 팀이다. AS로마의 엠블럼에는 암늑대와 쌍둥이 형제가 그려져 있어 누가 보더라도 로마를 상징하는 팀임을 알 수 있게 한다.

"사람은 자기가 보고 싶은 현실만 본다"
세상은 아는 만큼 보인다

인간은 누구에게나 모든 게 다 보이는 것은 아니다.
많은 사람은 자기가 보고 싶어하는 것밖에는 보지 않는다.

– 가이우스 율리우스 카이사르, 고대 로마의 정치가·장군

아는 것과 모르는 것은 천지 차이다

이탈리아 로마를 여행할 때의 일이다. 나는 고대 로마인들의 생활 중심지라고 할 수 있는 포로 로마노를 찾아갔다. 포로 로마노는 로마인의 광장이라는 뜻이다. 수많은 사람이 함께 어울리며 삶을 살았던 곳이다. 로마인들의 생활 터전이었다.

정해진 루트 없이 이리저리 돌아다니고 있었다. 포로 로마노에는 흥미로운 장소가 굉장히 많았다. 외국에서의 전쟁에서 승리한 장군이 개선식 때 지나가던 길도 있었고, 과거의 원로원 건물도 있었다. 로물루스 신전도 있었다. 꽃이 놓인 곳이 있길래, '이곳은 뭐지?' 하고 생각하며 습관처럼 사진을 찍고 스쳐 지나갔다. 그리고 입구 쪽에 있던 석판에도 글이 적혀 있어서 그것도 찍었다. 이곳이 의미 있는 곳임을 한국에 돌아와서야 알았다.

내가 찍은 그 석판 사진에는 이탈리아어로 "ARA DI CHESARE아라 디 체사레."라고 적혀 있었다. 이 말의 뜻은 바로 "카이사르의 재단."이라는 뜻이었다. 그제야 그곳에 놓여 있던 꽃들의 의미를 알게 되었다. 그때 "ARA DI CHESARE."라는 말의 의미를 알았다면 어떻게 했을까? 나는 아마도 다른 사람들이 했던 것처럼 재단 위에 꽃을 가져다 놓고 기도를 했을 것이다. '한 번 만나보고 싶다.'고 생각하며 말이다.

대학교 시절 나는 천문 동아리 활동을 했다. 나는 어릴 때 해수욕장에서 아름다운 별을 보며 감동했던 기억이 있었다. 그런 기억을 떠올리며 나는 천문 동아리에 가입했다. 당시 나와 함께 동아리활동을 하던 선배들이 내게 가장 많이 해주었던 말이 "아는 만큼 보인다."였다. 그렇지만 처음에는 그 말의 의미를 알지 못했다.

동아리 활동 전에, 내게 별이란 모두 개별적으로 빛나는 것이었다. 밤하늘 아래에서 수많은 별을 봤을 때 나의 반응은 "와~ 별 많다!"가 전부였다. 별은 그저 밤하늘에 찍혀 있는 하나의 점과 같은 존재였다.

동아리에서 1학기를 거치면서 별을 볼 수 있게 된 뒤에 나는 달라졌다. 선배들의 말은 틀리지 않았다. 별을 볼 때마다 각 계절의 길잡이별을 찾는 습관이 생겼다. 길잡이별이란 각 계절의 별자리를 찾기 쉽게 해주는 역할을 하는 별을 말한다. 길잡이별을 찾은 후에 나는 다른 별자리를 찾기 시작했다. 사실 쉽지는 않다. 하지만 성도星圖보는 법을 배웠기 때문에 어렵지 않았다. 그렇게 별을 찾다보면 나의 밤하늘은 마치 스케치라도 한 듯이 여러 별자리가 그려졌다. 큰곰자리, 카시오페이아자리, 목동자리, 왕관자리……

단순히 별자리 이름만 알게 된 것은 아니었다. 나는 밤하늘을 보며 나는 그리스 로마 신화를 함께 봤다. 쌍둥이자리를 볼 때마다 두 형제의 아름다운 우애를 생각했고, 페르세우스자리를 볼 때마다 한 영웅을 생각했다. 그렇게 보는 밤하늘은 정말로 아름다웠다.

위의 사례들처럼 알고 보는 것과 모르고 보는 것은 차이가 많다. 여기서 안다는 것은 단순히 이름을 안다는 것이나, 들어본 적이 있다는 것과 다르다. 안다는 것은 그것의 가치를 안다는 것이다. 가치를 아는 사람과 모르는 사람의 차이는 그 행동에서 나타나기 마련이다.

똑같은 수억 원짜리 조각 작품을 보면서 A라는 사람은 감동의 눈물을 흘리고, B라는 사람은 그냥 지나친다. B는 '다른 조각들과 별 차이 없네.', 혹은 '그냥 돌로 만든 것이네.' 이런 생각을 하면서 지나간다. 하지만 A는 B와 다르다. 가치를 알기에 자신에게는 또 다른 의미로 다가오는 것이다. 가치가 있고 의미가 있다는 것은 좋은 것이다. 그 가치를 아는가 모르는 가에 따라 행동은 달라지기 마련이다.

알면 행동부터 달라진다

때로는 알고 모름의 차이가 뼈아픈 결과로 다가오기도 한다. 조선 시대 왕 중에 광해군 이야기를 꺼내보겠다. 광해군은 중립 외교 정책으로 유명하다. 그는 명나라에 대해 사대를 하지 않았다는 이유로 그의 동생인 인조에 의해서 폐위된다. 이를 인조반정이라고 한다.

즉위한 인조는 명나라와 친하게 지내고 후금을 멀리하면서 이들이 조선을 침략할 구실을 만들어주었다. 금나라는 조선의 사대를 못마땅하게 생각하고 조선으로 쳐들어왔다. 1627년 정묘호란 때에는 조선과 후금이 형제 관계를 맺게 된다. 하지만 후금이 국호를 청으로 바꾸고 온 1636년

병자호란 때에는 군신 관계를 맺는다. 인조는 많은 신하가 지켜보는 가운데 항복한다는 뜻으로 청나라 황제 앞에 나가서 세 번 절하고 아홉 번 머리를 조아려야만 했다.

변화하고 있는 국제 정세를 파악하지 못한 채 명나라에 대한 사대라는 이념만 쫓은 결과가 너무나도 가슴이 아프다. 광해군은 임진왜란 때 전국을 돌며 피폐한 백성들의 삶을 보았다. 그 뿐만 아니라 여진족이 후금이라는 나라를 건설했다는 것을 알았고, 또한 그들의 군사력이 무척이나 강하다는 것을 알았다. 실제로 왕이 된 이후에는 이를 외교 정책에 적극적으로 반영했다. 대신들이 반대를 하더라도 꿋꿋하게 밀고 나갈 수 있었던 것은 명나라가 지는 별이고 후금이 뜨는 별이라는 것을 알고 있었기 때문이다.

율리우스 카이사르가 이야기했다. "사람은 자기가 보고 싶은 현실만 본다."라고. 나는 이렇게 바꿔서 이야기하고 싶다. "현실을 제대로 인식하기 위해서는 현실을 볼 수 있는 안목이 있어야 한다."라고. 결국 잘 보기 위해서는 많이 알아야 한다. 알고 보는 것과 아무것도 모르는 백지 상태에서 보는 것은 큰 차이가 있다. 안다는 것은 단순히 머릿속에 그 내용이 있다는 것이 아니다. 그 의미와 가치를 이해하고 있다는 것이다. 이는 곧 행동으로 나타나게 마련이다. 앞에서 이야기했던 "ARA DI

CHESARE."가 적힌 석판도, 밤하늘의 별도 알고 볼 때와 아무것도 모르고 볼 때에는 차이가 있다.

작은 물건 하나에도 스토리가 있음을 안다. 사람들에게 알려지지 않았을 뿐이다. 스토리는 사람들에게 감동을 준다. 내가 익힌 지식 하나가 다른 사람들에게 작은 울림을 줄 수 있었으면 좋겠다. 작은 것 하나하나에도 관심을 주자. 최소한의 관심이 있어야 알려고 한다. 알기 위해 질문을 하는 과정을 통해야 지식도 하나둘 쌓인다. 내 삶에 어떤 중요한 것이 다가왔을 때, 기회가 찾아왔음을 알아내는 것도 필요하다. 그 기회가 나에게 어떤 의미인지를 아는 것은 중요하다.

알면 알수록 모르는 것이 많아지고 재미있는 것이 우리 세상이다. 모르면 용감할 수 있지만, 알게 되면 의미 있는 행동을 하게 된다. 세상은 아는 만큼 보이기 마련이다. 율리우스 카이사르는 이렇게 이야기했다, "사람은 자신이 보고 싶은 현실만 본다."라고. 보고 싶은 현실이란 결국 자신이 아는 한도 내에서 보이게 마련이다. 그에 따른 행동의 차이도 크다. 주위의 작은 것부터 관심을 기울이고 지켜봐야 한다. 이를 통해서 그동안 몰랐던 또 다른 세상이 열릴 것이다.

"현재와 과거는 끊임없이 대화한다"
역사를 통해서 배워라

역사는 단순히 지나가버린 숫자의 기록이 아니라,
살아 숨 쉬는 것이다.

– 설민석, 역사강사

역사란 해석이다

새로운 직장에 들어온지 두 달 정도 되었을 때였다. 업무 중에 문제가 생겼는데, 아무리 생각을 해봐도 답이 나오지 않았다. 고민이 깊어지는 만큼 시간도 길어졌다. 그때 선배가 와서 이야기해주었다. 전산 시스템의 데이터를 찾아보면 과거의 사례들이 잘 정리되어 있으니 조회해보고 거기에서 답을 찾으라고 했다. 선배의 말대로 회사의 전산 시스템에는 과거에 선배들이 했던 자료들이 잘 정리되어 있었다. 그 사람들도 나와 같은 고민을 했을까? 그 자료들을 보면서 나는 문제를 해결할 수 있었다. 시스템 속에 잘 정리되어 있는 과거의 사례들이 나에게는 많은 도움이 되었다.

과거의 사례, 단순하게 과거에 있었던 일을 정리한 자료도 역사라고 할 수 있을까? 회사 시스템은 그것을 말로 풀어서 표현해주지 않았을 뿐 특정 양식을 갖춰서 알기 쉽게 구성되어 있다. 그렇다면 정말 그 시스템 속에 있었던 자료들을 역사라고 할 수 있을까?

역사를 단순하게 과거에 일어난 일을 기록한 것이라고 볼 수도 있다. 물론 역사는 일반적으로 과거에 있었던 일을 기록한 것이지만, 과거에 있었던 일이라고 해서 모두 다 역사라고 하지는 않는다. 가령 언제 누구와 어떻게 무엇을 왜 했는지에 대해서 일기에 적었다고 치자. 이것도 역사라고 할 수 있을까? 과거에 벌어졌던 모든 일이 역사라고 하면 우리는 너무나 피곤할 것이다.

역사는 기록된 사실이다. 기록되었다는 건 그만큼 중요하고 의미 있는 일이라는 뜻이다. 그런데 어떤 사건에 대해 '중요하다, 중요하지 않다.'는 누가 판단하는 것일까? 여기에 역사로부터 논쟁이 나올 수 있는 여지가 생긴다. 중요한 사건과 중요하지 않은 사건을 판단하는 주체가 바로 사람이기 때문이다. 그 사람이 어떻게 생각하느냐에 따라 어떤 이는 기록하지만, 어떤 이는 기록하지 않는다.

그뿐만이 아니다. 똑같은 사람을 두고도 평가가 갈린다. 앞서서 이야기했던 율리우스 카이사르를 독재자로, 혹은 영웅으로 평가하는 것처럼 말이다. 키케로도 마찬가지다. 그는 우유부단하고 추진력이 떨어지는 문인으로 평가 받기도 하며, 로마 공화정의 마지막 수호자라고 불리기도 한다. 이와 같이 동일 인물을 두고도 어떤 시점으로 보느냐에 따라서 평가가 완전히 달라질 수 있다.

일상에서 혼자서라도 과거를 통해 배워라

E.H 카는 그의 저서 『역사란 무엇인가』에서 역사는 "현재와 과거의 끊임없는 대화이다."라고 정의했다. 개인적인 관점으로 보면, 내가 겪었던

일을 떠올려 보면서 내가 잘한 일과 못한 일을 생각해보는 것도 과거와 나 사이의 대화라고 할 수 있다. 이것을 '역사'라고 부르기는 어려울 것 같지만 말이다.

하지만 과거와의 대화를 통해서 무엇인가 배운다는 것은 매우 의미 있는 일이다. 과거를 공부함으로써 나 자신의 행동이 달라지고, 우리 사회를 변화시킬 수 있는 힌트를 찾게 된다면 그 과거를 우리는 '역사'라고 할 수 있지 않을까?

우리는 살아가면서 얻는 경험으로부터 많은 것을 배운다. 그 경험은 우리에게 더할 나위 없는 자산이기도 하다. 하지만 그 경험에서 배우기에 앞서 '역사'로부터 먼저 배워보는 것은 어떨까?

어떤 문제에 당면했을 때를 생각해보자. 급한 마음에 바로 당면한 문제를 해결하기 위해 달려들었을 때, 막막함을 느낄 수 있다. 하지만 잠깐 멈추고 난 뒤, 과거의 사람들이 어떻게 했는지 살펴보는 것이다. '예전에 이 일을 했었던 사람들은 어떻게 했지?'라는 의문을 가지고 검색을 해본다면 우리가 일을 처리하는 과정에 대해서 힌트를 얻을 수 있을 것이다. 내가 회사에서 겪었던 일처럼 말이다.

로마인에게서 배울 수 있는 삶의 지혜

그렇다면 우리가 로마인에게서 배워야할 삶의 지혜에는 어떤 것이 있을까? 앞에서 여러 가지 이야기를 했다. 이제 그 이야기들을 크게 두 가

우리도 마찬가지로 로마인의 포용력을 배워서,
우리나라에 살고 있는 외국인들의 능력을
적극적으로 활용했으면 좋겠다.
그리고 실패했던 사람들에게도
다시 한 번 기회를 줄 수 있는 사회 환경이 되었으면 한다.

지로 줄여서 이야기를 해보려고 한다.

첫 번째는 포용력이다. 그들은 자신들과 다르다는 이유로 배척하지 않았다. 자신과 다른 민족이라도 로마인과 뜻을 같이 한다면 함께 할 수 있었다. 그들에게 로마 시민권을 부여하고, 원로원 의석도 제공했다. 이런 포용력이 있었기 때문에 로마인은 다른 민족의 장점을 배우고 익혀서 자신의 것으로 만들 수 있었다. 포용력이 있었기에 지방 출신의 비정규직 인원도 국가 요직에 선출될 수 있었다. 그리고 큰 패배의 주인공에게도 다시 국가를 위해 일할 수 있는 기회가 주었다. 이렇게 포용력이 있었기 때문에 능력 있는 사람들이 로마를 위해 일할 수 있었다. 이것이 로마 제국이 번영할 수 있었던 이유다.

우리도 마찬가지로 로마인의 포용력을 배워서, 우리나라에 살고 있는 외국인들의 능력을 적극적으로 활용했으면 좋겠다. 그리고 실패했던 사람들에게도 다시 한 번 기회를 줄 수 있는 사회 환경이 되었으면 한다.

두 번째는 매뉴얼이다. 로마인은 매뉴얼화의 달인이었다. 무엇이든 매뉴얼로 만들었다. 로마인이 그렇게 한 것은 매년마다 군의 지휘관부터 병사까지 변경되는 시스템을 가지고 있었기 때문에 생겨난 것일 수도 있다. 로마인은 너무나도 철저했다. 군단 숙영지 건설 방법, 전투 방법, 행군 속도 등등 모든 것이 매뉴얼화되었다. 그 결과 어떤 사람들이 투입되더라도 비슷한 성과를 낼 수 있게 되었다.

매뉴얼을 익히는 데에는 시간이 다소 걸리지만, 시간이 지나고 나면 누가 하든지 일의 성과를 보장할 수 있다. 조직은 우수한 개인이 몇 명 빠지더라도 버틸 수 있는 힘을 갖게 된다. 매뉴얼화 역시 로마의 발전에 큰 기여를 했다.

매뉴얼은 시행착오를 줄여준다. 처음 시작하는 사람도 매뉴얼만 익히면 일을 할 수 있다. 대단한 일이다. 새로운 사람을 A부터 Z까지 직접 가르칠 필요가 없기 때문에 그만큼 시간과 비용을 아낄 수도 있다. 주위에서 매뉴얼로 만들면 좋은 것을 한 번 찾아보는 것은 어떨까?

과거의 일이 모여 현재가 되고, 현재의 일이 모여 미래가 된다

시간의 흐름이 끊어지지 않고 계속 이어지는 것처럼 과거도 현재와 연결되어 있다. 그리고 현재는 미래와 연결된다.

과거 대한민국의 독립을 위해 자신의 모든 것을 걸고 투쟁했던 독립투사들이 있었기에 지금의 대한민국이 있다. 그분들이 없었다면 우리가 지금 독립 국가에서 자유를 누리면서 살 수 있을까? 6·25 전쟁 당시 우리나라를 지켜준 수많은 군인들이 있었기에 우리는 지금 민주주의가 주는 혜택 속에서 살고 있는 것이다. 그런 사건들이 모두 모여서 지금의 현재가 되었다. 마찬가지로 우리가 보내고 있는 지금 이 시간들은 가까운 미래에 과거가 될 것이다.

역사는 과거와 끊임없이 대화를 하면서 공부하는 것이다. 이 공부를 통해 우리는 어떤 일을 결정하기 전에 행동 지침을 얻을 수 있다. 과거에서 우리가 모든 것을 배울 수는 없다고 하더라도, 어떤 방향으로 행동을 해야 할지에 대한 해답을 찾을 수는 있다고 생각한다.

과거의 사람들도 우리와 다 똑같은 사람이었다. 그들의 삶은 곧 우리의 삶이기도 했다. 그들이 살았던 모습 속에서 오늘날 우리가 살아갈 방향을 찾는 것. 이것이 바로 우리가 역사를 통해서 배워야 하는 이유라고 생각한다.

"오늘은 나에게, 내일은 너에게"
역사를 잊은 민족에게 미래는 없다

역사는 아我와 비아非我의 투쟁이다.

– 신채호, 독립운동가

'피로인被虜人'에 대해서 들어보셨나요

대학교 때 천문 동아리 활동을 했다. 월례회에 참석했는데 10월에 '추모관측회'를 연다는 이야기를 들었다. 동아리 4기 신입생이었던 나는 처음 듣는 이야기였다. 3기 선배 중에 동아리 행사 준비 중에 지병으로 인해 갑자기 떠나게 된 선배가 있다고 하였다. 그리고 그 선배를 추모하기 위한 관측회를 이번에 진행할 것이라고 했다. 당시 나는 '내가 굳이 왜 잘 알지도 모르는 사람을 추모해야 하지?'라고 생각했던 것 같다.

하지만 관측회에 참석하여 선배들의 이야기를 들으면서 생각이 바뀌었다. 짧은 시간이었지만 동아리를 위해 노력하던 사람을 기억하려는 선배들의 모습에서 따뜻한 마음을 느꼈다. 죽은 선배의 입장에서 '아무도 나를 기억해주지 않는다면, 어땠을까?' 생각해보면 그런 행사도 필요하다는 생각이 들었다.

로마의 공동묘지에는 다음과 같은 문구가 새겨져 있다.

"Hodie mihi, Cras tibi."

"오늘은 나에게, 내일은 너에게."라는 뜻이다. 오늘은 내가 관으로 들어왔고, 내일은 네가 들어갈 것이라는 의미다.

과거의 시간 속에서 여러 가지 사건이 발생했다. 어떤 사건이 기록되어 있다면 그 사실을 확인할 수 있지만, 역사에는 문자로 기록되지 않은 사건이 더 많다. 그리고 기록은 되어 있지만 사람들이 모르는 역사도 많다. 누군가가 알려줘야 했지만, 많이 알려지지 못한 사건들. 나는 그런 사건 중 하나를 이야기하고자 한다.

혹시 '피로인_{被虜人}'이라는 단어를 들어 봤는가. 전쟁의 과정에서 상대방 군대에게 잡힌 군인들을 '포로'라고 한다. '피로인'은 전쟁 중에 적군에 잡힌 민간인을 의미한다. 과거에 이런 역사가 있었다. 바로 임진왜란 때였다.

임진왜란 때 많은 민간인들이 일본인에게 잡혀서 일본으로 건너가야 했다. 도대체 일본인은 왜 그들을 잡아갔던 것일까? 여기에는 여러 가지 이유가 있었다. 그중 하나는 돈벌이였다. 일본인은 당시 포르투갈과 거래를 하고 있었고, 그들이 포르투갈에 이미 판매하고 있었던 것 중에는 노예도 있었다. 아무런 죄가 없는 민간인을 포르투갈 상인에게 노예로 팔아넘긴 것이었다.

그 사실을 알게 된 나는 경악을 금치 못했다. 서양 사람들이 흑인을 노예로 잡아 배에 태우고 올 때 취했던 비인간적인 방식을 알고 있었기 때문이다. 그 흑인들의 처참했던 모습을 우리 조상들도 당했다고 생각하니 간담이 서늘해졌다.

그나마 일본으로 간 피로인은 사정이 나았을 것이다. 다시 고향으로 돌아갈 수 있다는 꿈을 꿀 수 있었으니 말이다. 물론 쉽지는 않았지만 그래도 희망이 있었을 것이다. 탈출 시도가 대부분 실패로 돌아가기는 했지만 말이다.

조선의 정부에서는 피로인의 소환을 적극적으로 추진했다. 당시의 유명한 승려였던 사명 대사가 일본에 가서 도쿠가와 이에야스 정부와 협상을 벌였다. 그 협상의 결과로 많은 조선인이 다시 고향으로 돌아갈 수 있게 되었다. 무능한 임금인 줄로만 알았던 선조도 잘한 일이 있었다.

하지만 안타까운 것은 일본에서 조선으로 돌아온 그들에 대한 처우였다. 그들은 아무런 죄도 없었지만 사람들로부터 죄인 취급을 받았다. 돌아오는 것은 적극적으로 추진했지만, 돌아온 이후의 그들에 대한 대책은 없었다. 고향으로 돌아가는 데 필요한 소량의 쌀만 지급하고 끝났다. 피로인으로 잡혀갔다가 돌아온 어느 선비는 그 이후 단 한 번도 관직에 오르지 못했다. 고향으로 돌아왔지만 그들은 행복하지 않았다.

당시 일본으로 갔던 피로인 중에 조선으로 돌아온 이들의 수는 점점 줄어든다. 조선에 가봐야 별다를 것 없다면, 오히려 더 좋지 않다면, 이런 생각을 비롯한 여러 생각으로 일본에 남아서 더 나은 생활을 하고자 노력하는 것을 선택했을 수도 있다.

많은 사람의 희생이 발생한다는 사실 하나만으로도 전쟁은 비극이 된다. 제2차 포에니 전쟁 당시, 칸나에 전투에서 한니발에게 대패하면서 8,000명의 로마 병사들이 포로가 되었다. 한니발은 로마에게 강화 제의를 하면서 포로들의 몸값을 지불하면 석방하겠다고 이야기했다. 하지만 그의 제의는 거부되었고 8,000명의 로마인이 그리스 지역에 노예로 팔려간다.

이들이 다시 자유를 찾은 것은 20년이 지난 후였다. 기원전 197년, 로마는 마케도니아와 그리스 도시 국가들 간의 분쟁에 개입하여 마케도니아군을 무찔렀다. 그때 총사령관이었던 플라미니우스가 그리스인들에게 요청했던 일이 한 가지 있었다. 바로 20년 전 노예로 팔려간 로마 병사들의 귀환이다. 그제야 그때까지 남아 있었던 1,200명의 로마인이 고향으로 돌아갈 수 있었다. 로마는 그들의 희생을 기억하고 있었다.

역사의 기억은 지워지지 않는다

영화 〈이터널 선샤인〉에서 보면 사랑에 상처를 받은 주인공은 아픈 기억을 지워준다는 회사를 찾아간다. 그 회사에서 나온 후에 그의 기억은 완전히 지워졌을까. 나는 그렇지 않다고 생각한다. 두뇌 속 기억은 사라졌을지라도 몸은 기억하고 있다. 또한 우리의 마음은 기억하고 있다. 기억은 쉽게 잊히지 않는다.

역사도 마찬가지다. 아무리 덮고 싶은 역사라고 하더라도 언젠가는 진실이 밝혀진다. 역사가 심판하기 때문이다.

우리의 역사에는 아프고 쓰린 역사가 많다. 그 역사를 부정하고 기억하지 않으려 하는 것은 옳지 않은 태도라고 생각한다. 광개토대왕이 만주 벌판을 달리던 때의 역사도 우리의 역사이고, 원나라의 침략에 온 나라가 유린당하던 때의 역사도 우리의 역사다.

나는 가끔 이런 상상을 했다. 내가 타임머신을 타고 그 시대로 가서 역사를 바꿔버리면 어떨까 하고 말이다. 하지만 이는 불가능한 일이며 일어날 수 없다. 영화 〈이터널 선샤인〉에서도 뇌 속의 기억은 지워도 몸과 마음에 남아 있는 기억은 지우지 못했다. 역사도 마찬가지다. 책 속의 적혀 있는 기록을 모두 지운다고 해도 또 다른 유적과 유산에, 역사적 장면이 펼쳐졌던 그 장소에 기록은 숨 쉬고 있다.

로마인 역시 많은 아픔을 겪으며 성장했다. 켈트족에 의해서 도시가 점령당했을 때 그들이 할 수 있었던 일은 언덕의 꼭대기에 올라가서 버티며 그들이 물러가기를 기다리는 것뿐이었다. 대규모 병력을 투입하며 시작한 전쟁에서는 많은 피를 흘리며 패배하고, 로마로 돌아가야 했던 때도 있었다. 내부적인 싸움에 국가 전체가 시름시름 앓던 시절도 있었다. 대부분 이런 아픈 기억일수록 드러내기 싫어하고 가리고 싶어 한다.

슬픈 역사이기도 하고 부끄러운 역사이기도 하다. 하지만 이를 감추기만 하고 기억하지 않으려고 한다면 문제가 있다. 아픈 역사를 기억하지 않는다면 우리는 다시 그 아픈 일을 반복하게 된다.

성공했던 사건들은 기억할 때마다 기쁘겠지만, 아픈 역사는 그렇지가 않다. 하지만 그래도 기억하고 잊지 않도록 해야 한다. 힘들고 아팠던 역사일수록 마음에 새기고 다시는 그런 일이 없도록 노력해야 한다.

『징비록懲毖錄』이 전해주는 교훈을 잊지 말자

임진왜란이 끝난 후에 당시 선조의 핵심 참모였던 유성룡이 집필한 『징비록』의 뜻을 한 번 알아보자.

"미리 징계하여 후환을 경계하다."

유성룡은 다시는 이와 같은 국난을 겪지 않도록 그동안의 실책들을 반성하고 보다 나은 미래를 위해서 『징비록』을 저술하게 되었다고 밝혔다. 아픈 역사를 되풀이하지 않는 것은 그들이 살았던 땅에서 살아가는 우리의 자세가 되어야 한다. 이 땅에 오래전에 살았던 우리의 조상은 많은 이야기를 해주고 있다. 우리는 이를 통해서 배우고 다시는 그런 비극이 일어나지 않도록 노력해야 한다.

1,200년 역사의 로마에서 답을 찾아라

어릴 때 즐겨 부르던 노래가 있다.

"아름다운 이 땅에 금수강산에 단군할아버지가 터 잡으시고……."

이렇게 시작하는 〈한국을 빛낸 100인의 위인〉이라는 노래이다. 그 노래 1절은 이렇게 끝난다. "황산벌에 계백! 맞서 싸운 관창! 역사는 흐른다.". 신라군과 백제군이 마지막 결전을 치른 황산벌, 그곳에 있었던 신라의 관창과 백제의 계백. 그 둘의 이름은 어릴 적부터 알고 있었다.

군 복무 당시 부대 내에 주기적으로 최신 개봉 영화를 상영해주는 곳이 있었다. 전화를 연결해주는 교환병이었던 나는 근무가 아닌 때에 부대원들과 함께 가서 영화를 보곤 했다. 그때 봤던 영화 중 가장 기억에 남는 영화가 바로 2003년에 개봉했던 〈황산벌〉이다. 그 영화에서 가장 많이 나온 단어는 "거시기"라는 단어였다. 그 영화 속에는 백제의 의자왕과 계백도 나오고, 신라의 김유신과 관창, 김흠순 등의 인물이 나온다. 실제로 그런 말을 했는지 확인은 해보지 않았지만, 김유신의 대사 중에 이런 말이 있다.

"이 세상은 강한 자가 살아남는 게 아니야. 살아남는 자가 강한 거야!"

살면서 여러 가지 말을 듣다 보면, 단 한 번 들었음에도 불구하고 머릿속에 박혀서 떠나지 않는 말이 있다. 그 말이 그랬다. 힘들게 군대 생활을 이어가고 있을 때라서 그랬는지, 나는 혼자서 속으로 '버텨내자. 살아남자.'라고 이야기했다. 서툰 행동과 작은 목소리 때문에 주위 사람들의 인정을 받지 못했던 날들이었다.

하지만 나에게도 기회가 왔다. 평소에 나를 눈여겨봤던 이병장이 나에게 '정훈조교'라는 직책을 해보라고 한 것이다. 수요일마다 열리는 정신 교육 자료를 준비하고 정신 교육 교관을 도와서 부대원의 정신 교육을 진행하는 직책이었다. 충분히 잘할 수 있을 것이라는 생각이 들어 바로 수락했다. 이것이 계기가 되어 나는 사람들의 신뢰를 얻게 되었다. 그리고 3개월 뒤에는 교환대를 이끌어 가는 '교환조장'이 되기도 했다.

앞에서 내가 이야기한 로마의 역사도 마찬가지다. 그들에게도 힘들었던 시기가 있었다. 그들에게 불어온 위기라는 바람은 때로는 밖에서, 때로는 안에서 불어왔다. 그런 위기는 많은 사람의 희생을 불러왔다. 하지만 로마는 버텨냈다. 버텨냈을 뿐 아니라 이를 통해 내부적으로 변화를 시도하여 발전의 계기로 삼았다.

만약 그런 변화를 시도하지 않았다면 어떻게 되었을까. 로마의 역사는 짧게 끝난 채, 일찍이 역사 속의 나라가 되어 잊혔을 것이다. 로마 역사를 빛냈던 여러 인물도 등장하지 않았을 것이다. 그들의 문명도 맥이 끊어져서 역사서에 기록된 글로만 확인이 가능하게 되었을 수도 있다.

하지만 로마의 역사는 기원전 753년부터 서기 476년까지 이어졌다. 1,200년이 넘는 세월이다. 무엇이 그렇게 오랜 세월 동안 그들을 존재할 수 있게끔 했을까. 2018년 현재를 살아가고 있는 우리들은 그들에게서 어떤 지혜를 배울 수 있을지 나는 이야기했다.

앞에서 이야기한 라틴어 격언 "Memento Mori메멘토 모리."처럼 영원히 그 생명을 이어갈 수 있는 것은 없다. 그럼에도 불구하고 오랜 시간 동안 그 빛을 잃지 않고 자리를 빛내는 존재가 있다면 우리는 그에 주목할 필요가 있다. 나는 1,200년 동안 살아남은 로마에서 무엇인가 배울 수 있다고 생각했다. 또한 그들이 우리의 삶에 던지는 지혜를 하나씩 엮는다는 마음으로 이 책을 썼다.

"역사를 전공하지 않은 사람이 이런 전문적인 책을 써도 되나?"

하고 질문할 수도 있을 것 같다. 하지만 나는 내가 역사를 전공하지 않았기에 사람들의 눈높이에 맞춰서 보다 쉽게 읽힐 수 있도록 글을 쓸 수 있었다고 생각한다. 『로마인 이야기』는 15권으로 어마어마한 분량이기에 사람들이 쉽게 도전하지 못한다. 하지만 나는 그들이 전하는 메시지를 한 권으로 요약했다. 이를 통해 많은 사람이 고대 로마에 관심과 흥미를 가질 뿐만 아니라 우리 삶에 적용시킬 지혜를 얻을 수 있기를 기원한다.

『책은 사람을 만들고 사람은 책을 만든다』라는 제목의 책이 있다. 그 제목처럼 『로마인 이야기』는 나를 만들었고, 나는 『교양인을 위한 로마인 이야기』를 만들었다. 내가 만든 이 책이 많은 사람에게 전파되어 로마인이 내게 준 메시지가 다른 사람들에게 널리 퍼지기를 소원하며 여기서 글을 마친다.